Ausgewählte Briefe von
Marx und Engels

马克思恩格斯通信选集

（德）卡尔·马克思　（德）弗里德里希·恩格斯◎著
柯柏年　艾思奇　景林 等◎译

中央编译出版社
CCTP Central Compilation & Translation Press

图书在版编目（CIP）数据

马克思恩格斯通信选集 /（德）卡尔・马克思，（德）弗里德里希・恩格斯著；柯柏年等译 .—北京：中央编译出版社，2024.6

ISBN 978-7-5117-4687-0

Ⅰ.①马… Ⅱ.①卡… ②弗… ③柯… Ⅲ.①马恩著作–书信集 Ⅳ.① A13

中国国家版本馆 CIP 数据核字（2024）第 050869 号

马克思恩格斯通信选集

出版统筹 张远航
责任编辑 何 蕾
责任印制 李 颖
出版发行 中央编译出版社
网　　址 www.cctpcm.com
地　　址 北京市海淀区北四环西路69号（100080）
电　　话 （010）55627391（总编室） （010）55627116（编辑室）
（010）55627320（发行部） （010）55627377（新技术部）
经　　销 全国新华书店
印　　刷 北京印刷集团有限责任公司
开　　本 710毫米×1000毫米 1/16
字　　数 209千字
印　　张 16.5
版　　次 2024年6月第1版
印　　次 2024年6月第1次印刷
定　　价 88.00元

新浪微博：@中央编译出版社 **微　　信**：中央编译出版社（ID：cctphome）
淘宝店铺：中央编译出版社直销店（http://shop108367160.taobao.com）（010）55627331

本社常年法律顾问：北京市吴栾赵阎律师事务所律师 闫军 梁勤
凡有印装质量问题，本社负责调换，电话：（010）55627320

出版前言

晚清民国时期，中国遭受前所未有的劫难，同时也是思想活跃、文化激荡的时期。在西方学术思想向中国传播过程中，中国人逐渐接受了西方哲学、西方政治学、西方经济学、西方心理学、西方伦理学等。通过翻译、学习、运用西方的学术思想，产生了一批贯通中西的本土学者，他们成为各学术领域的中流砥柱。一批先进的中国知识分子，还把发源于西方的马克思主义作为自己的理想信念，带领中国人民进行了翻天覆地的社会改造。由中央编译出版社发起整理的“回眸经典”，即晚清民国时期中国学者著述、翻译、编写的经典学术著作，包括马克思主义、哲学、政治学、经济学、心理学等多个领域。这些经典学术著作联系中国学术的过往，见证了中国学人披荆斩棘的拓进历程，记录了近代中国的沧桑巨变。我们整理、编辑这套丛书，既是向前辈学人在探索道路上的筚路蓝缕致敬，也是为当代学者了解中国近代学术思想的演进过程，提供比较完整的文献资料。

马克思主义文献是在西学东渐的大潮中传入中国的。十九世纪末二十世纪初，一批先进的中国知识分子在学习西方思想文化的同时，开始关注流行于欧美、日本的社会主义思想和马克思主义学说，并将它们译介到中国。一八九九年，马克思的名字第一次出现在中文书刊上。此后，资产阶级维新派人士、留日的知识分子、追随孙中山从事革命活动的资产阶级革命派，通过著述、译著大量介绍马克思学说。十月革命后，经过五四运动的洗礼，一批先进的中国知识分子在风云激荡的历史风潮中，坚定地选择了马克思主义作为自己信仰。马克思学说在中国的出现，并非偶然，是先进的中国人探索救国救民道路的必然结果。马克思学说的传入，经历了从浅入深、从片段式介绍到完整内容译介的过程。先进的中国人对马克思主义的认识不断深入，并逐渐将这些先进的理论运用到研究、解决中国社会现实问题中。

马克思、恩格斯书信是研究马克思主义的重要文献，保留下来的马克思、恩格斯书信非常之多，仅在《马克思恩格斯全集》中文第一版中收录了他们来往的书信就有四千多封。一九四九年之前，马克思、恩格斯书信主要有三种形式出现在中文书刊中。第一种形式为刊载在马克思、恩格斯的著作以及其他相关著作中，如一九二九年七月上海水沫书店《哲学之贫困》一书中刊载的《马克思对于蒲鲁东的批评》（即《论蒲鲁东》），一九三〇年上海亚东图书馆《辩证法经典》一书刊载的《给各盖尔曼的信》（即《一八六八年七月三十一日马克思致路德维希·库格曼》），一九三七年一月日本东京质文社《作家论》一书刊载的《易卜生论》（即《一八九〇年六月五日恩格斯致保尔·恩斯特》），一九三七年三月上海亚东图书馆《恩格斯等论文学》刊载的《恩格斯致巴尔扎克》（即《一八八八年四月初恩格斯致玛格丽特·哈克奈斯》）和《论文学》（即《一八八五年十一月二十六日恩格斯致敏娜·考茨基》），一九三八年十一月解放社《法兰西内战》刊载的《马克思致顾格曼论巴黎公社的信》（即《一八七一年四月十二日和十七日马克思致库格曼》），一九三九年四月上海读书生活出版社《资本论通信集》刊载的马克思和恩格斯来往的二十五封书信，等等；第二种形式为刊载在刊物中，如一九三〇年七月十五日上海《动力》月刊刊载的马克思从一八六二年至一八六七年写给库格曼的十封书信，一九三三年六月八日天津《大公报》副刊《世界思潮》刊载的《马克思的情书》（即《一八六七年八月十六日马克思致恩格斯》），一九三三年六月二十日上海《读书杂志》第三卷第六期刊载的《恩格斯未发表的两封信》（即《一八八八年四月初恩格斯致玛格丽特·哈克奈斯》和《一八八九年十二月十八日恩格斯致格尔桑·特利尔》），等等；第三种形式为单独成册的马克思、恩格斯书信集，主要有一九三九年六月延安解放社出版的《马恩通信选集》（收录《为无产阶级政党而斗争的书信》十七封，以及《马克思恩格斯关于唯物史观的书信》《论爱尔兰问题》《恩格斯致考茨基的信》《马恩论俄国》《马克思致左尔格》《俄国社会状况》等），一九四七年五月上海亚东图书馆出版的《马克思致顾格曼的信》（收录一八六二至一八七四年马克思写给库格曼的六十九封信），一九四九年九月上海亚东图书馆出版的《马克思恩格斯书信选》（收录马克思、恩格斯一八四六至一八九五年来往书信九十八封）。

我们此次整理出版“回眸经典·马克思主义”系列丛书，并尽量保持其原汁原味，有利于读者更加深入地了解其在中国传播的演进过程，深刻理解中国共产党为推进马克思主义中国化、时代化进行的艰苦探索，为当代学术研究和理论学习提供更多文本支持。

为方便读者学习，在保持原书内容、当时的语言风格、词语的使用、词语的翻译和基本结构不变的前提下，我们对不太适合当今阅读习惯的部分字词进行了修订。如有不当之处，敬请批评指正。

张远航

二〇二四年四月于北京

目　录

为无产阶级政党而斗争的书信

柯柏年 译・徐　冰 校

一

马克思致恩格斯的信①

一八六四年十一月四日于伦敦

---

① 马克思不只是工人阶级底伟大理论家，而且是世界共产党底指导者与创始者。马克思与恩格斯为了无产阶级党底创造与团结，而进行顽强的斗争，历数十年。一八八九年，恩格斯在致丹麦社会主义者特里尔（Trier）的一封信中，关于这种斗争写过以下的话："无产阶级为要在决定胜负的日子有充分的力量可以胜利，他必须建立一个特别的政党，与一切其他的政党分开，与他们相对立，这即是说建立一个有阶级意识的阶级政党——马克思与我自从一八四七年以来，就抱着这种主张。"（恩格斯致特里尔的信，一八八九年，十二月，十八日）

一八四六年时，恩格斯便已经进行反对"真实的社会主义"底小资产阶级观点的斗争；（参阅《共产党宣言》中文本解放社版第四十九页）他在巴黎的一个德国工人训练班中，对于共产党底任务曾有如下的规定：一、与有产者利益相违反着，实现无产者的利益；二、以废除私有财产与代之以财产公有制来实现之；三、除了暴力的民主革命外，不承认有其他实行此种意见的方法。（一八四六年十月二十三日恩格斯致马克思的信，见《马恩全集》，第三部，第一卷，第五十页）

马克思与恩格斯所进行的建立一个真正的无产阶级政党的斗争，在他们底通信中反映得十分明显。

列宁说：这通信集写道，它包含着"无产阶级基本目的之最深刻的了解，并依据着这些革命目的底观点，对策略底某些任务之异常富有伸缩性的规定。对机会主义或对革命的空谈毫不让步"。（见《列宁全集》俄文版，第十七卷，第三十页）

马克思与恩格斯往来的书信，显示出他们两人五十年来在国际工人运动底队伍间的不屈不挠的斗争。我们这里所选印出来的他们的书信，只不过一些个别例子，例示马克思与恩格斯两人为建立一个真正的工人阶级革命政党，而对各式各样的右的与"左的"机会主义进行彻底的、顽强地与热烈的斗争。马克思与恩格斯在他们致第三者的书信中所论及的一切本质上的问题，他们两人的意见是完全一致的。所以，恩格斯当马克思在世时写给柏克尔（Becker）、左尔格（Sorge）、倍倍尔（Bebel）、伯因斯坦（Bernstein）和别人的信，所发表的见解，是这两位国际无产阶级导师底共同见解。

国际工人联合会。[①]

不久以前，伦敦的工人为了波兰事件，致书巴黎的工人，要他们在此事件中采取共同行动。

巴黎工人派了代表到伦敦来，为首者是工人托兰（Tolain）。托兰是在巴黎最近选举时本来的工人候选者，是一位很和蔼可亲的人（他的同伴也都是很和蔼可亲的青年）。一八六四年九月二十八日，在圣马丁堂（St. Martin Hall）举行公开的大会；这个大会是由乌特格（Odger）[鞋匠，全伦敦工会联合会底会长，又特别是与布莱特（Bright）有关系的“工会选举权鼓动协会”底会长]与克雷麦（Cremer）（建筑工人与建筑工人工会底书记）所召集的[这两人，在布莱特指导之下，为北美事件[②]召集工会大会开会于圣哲姆堂（St.James Hall），为加里波弟宣言（Garibaldi Manifestations）也同样召集大会]。他们派勒路伯兹（Le Lubez）来见我，问我愿否代表德国工人参加，特别是问我能否派一个德国工人到大会去演讲。我派厄卡里亚斯（Eccarius）去，他演讲得很好。我自己在讲台上做一个哑角帮助他。我知道，在伦敦与巴黎这两面，这一次出现了真正的“势力”，所以，我决定把我对这类邀请都加以拒绝的常规取消了……又决议于一八六五年召集工人大会[③]于比利时。大会又任命下列诸人，组织一个临时委员会：乌特格、克雷麦，还有别的好几位——一部分是老的

① 这封信是讨论第一国际——它“定下了无产者为社会主义的、国际的斗争底基础”（列宁）——之创立，及第一国际底“创立宣言”是在什么条件下写成的。——编辑部注

② 这是指美国拥有工业的北部与拥有奴隶的南部之间的内战一八六一——一八六五年）。——编辑部注

③ 第一国际底第一次大会，不是在一八六五年，而是在一八六六年举行的；不是在比利时，而是在瑞士（日内瓦）。——编辑部注

宪章运动者，一部分是老的欧文主义者等——代表英国；乌尔佛、冯丹那（Fontana）和其他意大利人，代表意大利；勒路伯兹[①]诸人代表法国；厄卡里亚斯与我代表德国。大会授权与临时委员会选收会员。

会场的人，拥挤得透不过气来（现在显然表现出工人阶级底再活跃）。在大会中，乌尔佛少佐（图恩·塔西斯，加里波的底副官）代表着伦敦的意大利工人协会。大会决定创立国际工人联合会，总委员会设于伦敦，为德国、意国、法国和英国各国工人协会间的"媒介"。

到这里为止，情形是很好的。我出席了委员会第一次会议。任命一个小委员会（我也在内），负责起草原则宣言与临时规约。我因为身体不好，不能出席小委员会会议，以及随后的全体委员会会议。

在我所没有出席的两次会议——小委员会会议与随后的全体委员会会议——中，发生了下面这些事情：

乌尔佛少佐提出意大利工人协会（它没有一个中央组织，可是后来显露出它在本质上是联合的协济会）底规约，以备新协会采用。我后来看到了那份规约，它显然是马志尼（Mazzini）底著作，所以，你已可知道它讨论真正的问题——工人问题——时，是抱着哪种精神，用着哪种词句了，而且是怎样把民族问题插进去的。

此外，又有一个老欧文主义者威斯顿——他自己现在是一个制造厂厂主，是一位非常可爱可敬的人物——起草了一个思想极混乱而又冗长的纲领。

后来的总委员会会议，就委托小委员会去修改威斯顿底纲领与乌尔佛底规约。乌尔佛自己离开伦敦，往那波里[②]出席意大利工人协会大会，以

① 勒路伯兹是一个三十几岁的法国青年，但他生长于泽尼与伦敦，英语说得极好，是法国工人与英国工人之很好的居间人，是音乐教师与法文教师。

② 现通译为那不勒斯。

决定使他加入伦敦的中央联合会。

另一次小委员会会议，我又没有出席，因为通知得太迟了。在这次会议中，勒路伯兹提出了“原则宣言”与乌尔佛底规约底改作，由小委员会通过交付总委员会讨论。总委员会于十月十八日开会。厄卡里亚斯写信给我说，延迟就有危险。我于是赴会，当聆听可敬的勒路伯兹诵读一篇词句修饰得太过但写得很不好，而又完全未成熟的序言——冒称为原则宣言时，我确为之吃惊。那篇序言随处都可发觉出马志尼的思想，而其全部是披盖着法国社会主义最模糊的烂衣。此外，意大利的规约是大体上被通过了，除了其他的一切错误之外，还企图要建立一种在事实上完全不可能的欧洲工人阶级底中央政府（站在这中央政府背后的，自然是马志尼）。我提出很温和的反对，经过了长时间的一来一往的讨论，厄卡里亚斯提议小委员会应将此事再交给它底“起草委员会”修改。同时又表决通过了勒路伯兹底宣言所包含的“旨趣”。

两天之后，十月二十日，克雷麦（代表英国工人）、冯丹那（代表意大利工人）与勒路伯兹在我家中开会（威斯顿不能出席），一直到现在，我还没有拿到这些文件（乌尔佛与勒路伯兹的），所以事先不能有什么准备；但坚决地确定，如果是可能的话，决不许原文有一行留存。为了取得时间，我提议在我们“修改”之前，我们应先“讨论”规约，照我这个提议实行。当四十条规约底第一条得到同意时，已是午夜后一整钟了。克雷麦就说（这正是我所期望的）：在十月二十五日委员会开会的时候，我们并没有什么东西可提出，我们必须把会期延到十一月。这样，小委员会可以在十月二十七日开会，努力求得一个确定的结果。这个提议通过了，“文件”就“留给”我研究。

我见到，从这些草案中是做不出什么东西的。为了辩解我整理这已经

“通过的旨趣”所用的一种极特别的方式，我就写了《告工人阶级书》（*An Address to the Working Class*）（一种对于一八四五年以来工人阶级底各种事件的回顾；这是原来计划所无的），因而借口说一切事实的东西都已经包括于《告工人阶级书》，我们不应把同一个东西重复说三遍，就把序言全部更变，把原则宣言删去，最后又把四十条规约改为十条。在《告工人阶级书》中，论及国际政治时，我不说各民族，而说各国，我不申斥小国，而申斥俄国。我底建议，全部为小委员会所通过。不过要我负责把“义务”与“权利”这两个名词采用入于规约底序言中，同样地，也要采用“真理、道德与正义”；但我把它们安插得不会发生什么害处。……

要使我们的见解表现在为工人运动底现在的立场所能接受的方式内；——这件事情是很困难的。这些人在几个星期后，就会为选举权而与布莱特和柯勃登（Cobden）去开会了。要复醒了的工人运动容许言辞的勇敢性，是还需要时间的。内容强硬而形式温和，这是必要的。东西一印出，我就送给您。[1]

① 参阅第一国际底《创立宣言》。——编辑部注

二

马克思致顾格曼的信

一八六五年二月二十三日于伦敦

我昨天接到你非常有兴味的信，现在我在各点上来回答你。

最先，我简单说明我与拉萨尔的关系。在他从事实际鼓动时期，我们的关系是断绝了：（一）因为他自画自赞的吹法螺，同时他最无耻地剽窃我的著作等；（二）因为我非难他的政治策略；（三）因为在他的鼓动以前，我已在伦敦这里，对他很详细解释并“证明”了：“普鲁士国家”底直接的社会主义的干预，是很荒谬的。在他写给我的许多信（从一八四八至一八六三年）中，和在我们两人亲自会见中一样，他总是声明他是我所代表的那个党底信徒，当他（于一八六二年末）在伦敦自己确知不能再对我玩弄他的诡计时，他就决定反对我，把旧时的党僭称为“工人底独裁者”。虽有这一切，就是在他的短促的生命末年时，他底鼓动对于我是具有两面性的，我还是承认他的鼓动底功绩。他骤然的死亡，旧日的友情，哈茨斐尔德伯爵夫人写来的悲哀的信，对于资产阶级报纸之愤懑（因为资产阶级报纸当他在世的时候对他非常惧怕，他死后却以卑怯的无礼对待他）——这一切使我发表了一篇简短的声明，反对贫困的盲目，可是在这篇声明中并没有讲到拉萨尔活动底内容（哈茨斐尔德把这篇声明送到《北星》发表）。

为了同样的理由，并希望能够把我认为危险的因素除去，恩格斯和我就答应寄稿给《社会民主主义者》(他发表了《创立宣言》底德译文)，当蒲鲁东死时，由于编辑者的请求，我为他写了一篇关于蒲鲁东的论文，在舒维泽(Schweitzer)把他的令人满意的编辑工作计划送给我们之后，我们就答应列名为撰稿者。李卜克内西担任编辑部底非正式编辑，对我们又多一层保证。

可是，不久，我们得到了证据，知道拉萨尔事实上叛变了党。[①]拉萨尔与俾斯麦订立正式的契约(自然，他手中是没有什么保证的)。在一八六四年九月末，他到汉堡去，在那里(连同癫狂的斯拉姆与普鲁士的警探麦尔)强迫俾斯麦合并什列斯威—好斯坦(Schleswig-Holstein)[②]，这即是说，以“工人”底名义来宣布这种合并等。俾斯麦答应普遍选举权与几种冒牌社会主义的设施，作为报酬。可惜，拉萨尔不能把喜剧演毕。他把他显露为一个非常滑稽的受愚弄人的！一切企图使这种方式永远不会再行发生。

拉萨尔陷入这个歧途，因为他是密圭尔(Miquel)一型的“现实政治家”，只是规模比较大，目的比较远(顺便说一说，我对于密圭尔早就看得很清楚)，我认为他的得势是由于国民联合会(National verein)[③]，对

① 不久之后，舒维泽“继续执行”拉萨尔底政策，拥护俾斯麦，已成为显明的事。因为这个缘故，马克思与恩格斯以及李卜克内西，都公开拒绝再投稿于《社会民主主义者》。——编辑部注

② 什列斯威与好斯坦这两个公国。已是通过一个个人联合与丹麦联系着。普鲁士企图吞并这两个公国。拉萨尔建议俾斯麦对丹麦宣战与合并什列斯威—好斯坦，他并且答应“以工人底名义”拥护俾斯麦此举，如果俾斯麦答应施行普选制。——编辑部注

③ 国民联合会成立于一八五九年九月，是一部分普鲁士资产阶级底组织，宣传日耳曼各邦——除奥地利之外——底统一，以普鲁士为盟主。从这个国民联合会，后来产生出大资产阶级的国民自由党；国民自由党是俾斯麦政策底主要拥护者之一。——编辑部注

于这位渺小的汉诺威（Hanover）的律师是一个光彩的借口，使全德国在它的四个区域以外都听到他的言论，这样提高了的“现实”，把他自己再反映到汉诺威内地，使他在“普鲁士”保护之下扮演“汉诺威的”米拉波（Mirabeau）。一如密圭尔及其现在的朋拉住普鲁士摄政亲王所创始的新时代，以便使国民联合会会员紧靠“普鲁士的元首”，一如他们在普鲁士保护之下发展着他们底“市民的自负心”；拉萨尔也这样以乌可马克（Uckermark）的腓力普第二（Philip Ⅱ）来扮演无产阶级底波莎侯爵（Marquis Posa），而俾斯麦则做他与普鲁士王国之中间人。他不过是仿效着国民联合会底先生们。虽然那些引起了有利于中等阶级的普鲁士的“反动”，但是拉萨尔是为着无产阶级的利益与俾斯麦握手。那些先生们的行为，是比拉萨尔更为正当，因为资产阶级已惯于把在他眼前的利益视为“现实者”，而且在事实上，这个阶级到处都甚至对封建主义也已妥协，依事件底性质，劳动阶级却是真正革命的。

对于像拉萨尔那样的戏剧似的自负的天性（可是他不是官职、市长职等这一类的微末的废物所能贿买的），是一个极有诱惑力的思想：一件直接为着无产阶级的利益而由拉萨尔执行的事业！他事实上对于这事业真实的经济条件是太无知了，使他不能诚实地批判自己！在另一方面，卑劣的“现实政治”——使德国资产阶级容忍一八四九年至一八五九年的反动并对于人民愚化旁观的“现实政治”——使德国工人“堕落”了，要他们不欢迎这位答应帮助他们一跃就进入乐土的大言不惭的救主，是办不到的啊！

前面中断了的话头，现在再拾起来吧。《社会民主主义者》才创立，年老的哈茨斐尔德就要执行拉萨尔底“遗嘱”。她经过华格纳（《十字报》的）与俾斯麦发生关系。她把工人协会（全德国的），《社会民主主义者》

等都交归他处理。什列斯威—好斯坦之合并，将在《社会民主主义者》上宣布，并一般承认俾斯麦为保护者等。这整个美妙的计划失败了，因为我们有李卜克内西在柏林在《社会民主主义者》底编辑部。恩格斯与我对于《社会民主主义者》的编辑法，对于它之阿谀拉萨尔，对于它之不时向俾斯麦卖俏等虽然都厌恶，但我们暂时还是要公开赞助这份报纸，使年老的哈茨斐尔德底阴谋失败，并阻止工人党完全妥协，这自然是更为重要的。因此，我们要以良好的态度，去应付恶劣的工作，但我们时常私下写信给《社会民主主义者》，叫它对俾斯麦也要像对进步主义者一样反对。我们甚至对高慢的妄人柏克尔——他对拉萨尔在遗嘱中给他的重要性十分当真——反对国际工人联合会的阴谋，也加以容忍。

在这个时候，舒维泽在《社会民主主义者》所发表的论文，更加俾斯麦气味了。我以前曾写信给他说，在“结社问题”（Koalitionsfahig）上是能够威吓进步主义者的，而普鲁士政府却永远不会承认完全废除结社条例（Koalitionsgesetze），因为这会引起官僚主义之破坏，工人之开放，雇佣制度之毁灭，农村中贵族压制之废除等，这一些，都是俾斯麦所决不容许的，而且，都是与普鲁士的官僚主义国家完全不相容的。我来补充说，如果议会把结社条例否决了，政府一定会借助词令（如像“社会问题需要‘更深刻的’步骤”这类的词句），以维持它。这一切都证实了。舒维泽做什么呢？他写了一篇拥护俾斯麦的论文，把他所有的勇气都节省来对付像舒尔茨（Schulze）、佛查（Faucher）等这一类无限微小的人物。

我相信舒维泽等是诚意地思量着，但他们是“现实政治家”。他们要顾应着现存的情况，而不愿把“现实政治”底特权让给密圭尔这一派所独享（密圭尔派好像是要保留着他们与政府相融合之权利）。他们知道工人报纸与工人运动，在普鲁士（因而在德国的其他各地）之所以能存在，完全是靠着警察底恩宠。所以，他们承受原来的事态，而不愿激怒政府，正如我们的“共和主义的”现实政治家愿意“容忍”一个霍亨佐伦王室的人物做皇帝一样。

我既然不是一个“现实政治家”，觉得有与恩格斯共同签名发表一封公开声明书宣布与《社会民主主义者》断绝一切关系之必要（这封公开声明书你不久就可在这份或那份报纸看到的）。你同时也将了解为什么目前我在普鲁士已不能有所作为。那里的政府直接拒绝恢复我在普鲁士的公民权。在那里只容许我在俾斯麦所合意的形式内从事鼓动。

我在这里百倍地通过国际工人联合会从事鼓动。国际工人联合会对英国无产阶级的影响是直接的，而且是有最高的重要性。现在我们在这里从事鼓动普选权的问题，这个问题在这里与在普鲁士有完全不同的意义。

就整个来说，国际工人联合会底进步，在这里，巴黎、比利时、瑞士和意大利，全超出预料之外。只是在德国，拉萨尔底后继者自然反对着我，第一，他们愚蠢地怕失去他们的重要性，第二，是他们知道我是断然地反对德国人所称为“现实政治”的（使德国比所有的文明国落后这么远的，正是这一类的“现实”）。

既然是每个人只要付出一个先令买会员证就算是联合会底会员；既然是法国人（比利时人也同样）采择这种个人会员底形式，因为法律禁止他们以团体来加入我们的联合会；既然在德国的情形也是相同，我现在就决定要求在这里的和在德国的朋友们，不论他们在什么地方，都组织小团体——会员人数之多少是没有关系的——每人都买一张英国会员证。英国的团体既然是公开的，连在法国这样进行也不遭受什么阻碍。如果您也在邻近的地方用这样的方法与伦敦联络，我是很高兴的。

三

马克思致顾格曼的信

一八六六年十月九日于伦敦

……我对于在日内瓦的第一次大会①，曾经十分担心。可是，就整个来说，超过我的预期，结果良好。在法国、英国和美国的影响是出乎预想之外。我不能，也不愿到日内瓦去，但写了伦敦代表团底纲领。我故意把纲领只限于容许工人直接和协与共同行动，以及直接给予阶级斗争底需要和工人组织成为阶级之需要以养料与推动的几点。

巴黎的先生们脑子充满着最空洞的蒲鲁东主义的文句。他们空谈着科学，实则一无所知。他们轻蔑一切革命的行动——即是，从阶级斗争本身所发生的行动，一切集中的社会运动，因而一切以政治方法（如，在法律上规定工作时间底缩短）来实现的运动。借着自由底口实，借着反政府主义或反强权个人主义底口实——这些先生们在十六年来，泰然地忍受了最悲惨的专制主义，而现在还忍受着呢！②——他们在实际上是宣传着正规

① 第一国际第一次大会是在一八六六年于日内瓦召开，讨论第一国际底规约和组织，工会问题，合作社问题，以及许多别的问题。主要依靠于法国代表特别是巴黎代表们的蒲鲁东信徒们在大会上有着大的影响。——编辑部注

② 路易滂拿泊政变后的十六年。（参看《拿破仑第三政变记》）——编辑部注

的资产阶级的经济，不过是把它蒲鲁东式地理想化罢了！蒲鲁东惹起了极大的祸害。他对空想主义者之似是而非的批判与似是而非的反对（他自己是一个庸俗的空想家，可是在傅立叶、欧文等人底空想中，却有一个新的世界之预见与想象的描写），最先吸引并诱惑“优秀的青年”、学生，后来又吸引并诱惑工人，尤其是巴黎的工人，这些奢侈工人，紧附于旧垃圾，而不自知。他们是无学识的、虚浮的、傲慢的、空谈的、夸张的、自负的，已到了要败坏一切的地步，因为他们赴会的人数完全不合乎他们会员人数的比例。我将在报告中隐蔽地打击他们。

同时在巴尔提摩开会的美国工人大会，给了我大的喜悦。那里的口号是：“组织起来，以进行反对资本的斗争。”值得注意的是，我为日内瓦大会所提出的那些要求之大部分，在那里同样由工人底正确本能提出来了。

这里的由我们的中央委员会——我在里面进行了好的工作——所唤起的改良运动，现已达到很广大的和不能抗御的范围了。[①] 我始终是在幕后。现在既已在进行着，我也就用不着再挂虑它了。

---

① 英国的工会，与第一国际底中央委员会合作，发展了一八六六年至一八六七年的广大的改革选举制度的运动（扩大选举权，使更广泛的工人与人民中的较贫的阶层都有选举权）。——编辑部注

四

马克思致恩格斯的信

一八六七年九月十一日于伦敦

……在下次的布鲁塞大会①上，我将亲自对那些蒲鲁东派底蠢才们给以最后的打击。我曾用外交的方式来处理了整个事件，而且，在我的书还没有出版与我们的国际工人联合会还没有巩固以前，我不愿亲自出面。再者，在总委员会底报告中，我将鞭打他们一顿（这些巴黎空谈家虽然极力反对但是阻止不了我们再当选）②。

在这个时候，我们的国际工人联合会有了很大的进步。卑污的《星报》，它以前企图完全抹杀我们，昨天却在一篇社论中说我们比和平会议还要重要。舒尔茨·德里兹（Schulze-Delitzsch）并不能阻止他的柏林的"工人协会"加入我们的国际工人联合会。英国工会主义者中的猪狗们，以前我们对于他们"太远"，现在却跑向我们这里了。除了《法国信使》（*Courier Francais*）之外，纪兰丁（Girandin）底《自由》（*Liberte*）、《世纪》（*Siecle*）、《世界》（*Mode*）、《法国新闻》（*Gazette de France*）这些报纸，

① 第一国际底布鲁塞会议，开会于一八六八年。马克思没有出席这次大会，但他领导着它底准备工作。——编辑部注

② 马克思是指在一八六七年九月第一国际底洛桑大会中的总委员会的选举。在此大会上马克思又被选入总委员会。——编辑部注

都登载着我们大会底消息。事态是进展着的。在下次的革命（它也许比它所表露的还要近些）时，我们（即你与我）握有这一架强有力的机器在手里。将这来与马志尼等在近三十年来的活动底效果比比看！而且，没有金钱工具与巴黎的蒲鲁东派，意大利的马志尼，伦敦的嫉妬的乌特格、克雷麦、普德（Potter）诸人底阴谋比比看，与德国的舒尔茨·德黑兹派和拉萨尔派比比看！我们大可以满足呢！

五

马克思致恩格斯的信[①]

一八六九年三月五日于伦敦

……巴枯宁（Bakunin）想：如果我们承认他底《急进纲领》（*Programme radical*），他对此能大加宣传，就可与我们——尽管是这样少——妥协。如果我们声明反对他底《急进纲领》，他就诋毁我们为反革命者。此外，如果我们容忍他们，他就准备在巴塞尔大会上以几个流氓来帮助。我以为应当在这个路线中来回答：

根据规约第一条，“抱着同一的目的，即工人阶级底保护、进步与完全的解放”的工人团体都得加入。

因为在同一国内，各工人支部底发展阶段，以及各国工人阶级底发展阶段必然地极不相同，因此，现实的运动，必然是表现于相差很大的理论形态中。

---

① 这封信是讨论第一国际总委员会与巴枯宁派之间的谈判。巴枯宁是一个无政府主义者。巴枯宁派加入第一国际时，还保持着他们的秘密组织“社会民主主义联盟”。他们进行着猛烈的派别斗争，反对在马克思领导下的总委员会，他们特别剧烈反对承认工人阶级有进行政治斗争之必要，反对在第一国际队伍中的中央集权与纪律。在一八七二年，巴枯宁被开除出第一国际。——编辑部注

国际工人联合会所产生的共同行动，通过各国支部底各机关之交换思想，最后，在大会上直接的讨论，将逐步创造出一般的工人运动之共通的理论纲领。

所以关于“同盟”底纲领，总委员会不必将它提付精密的审查。总委员会不用研究它是不是工人运动底适当的科学表现；而只要问纲领底一般目的是否与国际工人联合会底一般目的——工人阶级底完全解放——相矛盾就得啦！

这样的非难，只适用于纲领第二条中的一句：“它最先是要各阶级底政治的、经济的与社会的平等化。”“各阶级底平等化”，照字面上的解释，就不过是资产阶级的社会主义者所宣传的“资本与劳动的协调”之另一说法。国际工人联合会努力的最后目标并不是那在逻辑上不可能的“阶级底平等”，而是那在历史上为必然的“阶级底废除”。但从那句话在纲领中的前前后后的关系看来，不过是一个笔误。所以总委员会将这句可以引起严重的误解的话，从纲领中删去，是没有迟疑的。

以此为前提，那末[①]，让每一个支部对它自己的纲领负责，是与国际工人联合会底原则相符合的。所以没有什么东西妨碍着把“同盟”底诸支部转变成为国际工人联合会底支部。

这事一经实现，新加入的支部之按照国籍、住所，与数目的统计，就应按照规则送到总委员会来。……

---

① “那末”同“那么”，下同。

六

马克思致波尔德的信

一八七一年十一月二十九日于伦敦

……国际工人联合会已建立起来，以便以工人阶级底真实的斗争组织来代替社会主义的或半社会主义的宗派。这只要看最初的规约与创立宣言，就可一目了然。另一方面，如果历史底进程不是已经把宗派主义打得粉碎了，国际工人联合会也就不能保持。社会主义的宗派主义底发展与真实的工人运动底发展常为反比例。当宗派还是（历史的）正当的时候，工人阶级就还没有成熟到可进行独立的历史的运动。工人阶级一朝达到成熟，所有的宗派在本质上就都是反动的。历史在各处所显示的在国际工人联合会底历史中也重复着。陈腐的东西企图在新获得的形态之内，重新恢复并保持着。

有许多宗派与好事者底实验企图在国际工人联合会内保持其地位，反对工人阶级底真实的运动。国际工人联合会底历史，就是总委员会对于它们的不断斗争。这种斗争在大会中进行，但在委员会与各个宗派个别讨论中进行的，还要多得多。

在巴黎，因为蒲鲁东主义者（互助主义者）[1] 是国际工人联合会底共同

---

① 蒲鲁东主义者自称为互助主义者。这个名称是从 Mutuel（相互的）这个单词出来的。蒲鲁东主义者提出“互助”底口号。——编辑部注

建立者，在最初的数年间，自然握有那个地方的指导权。后来，自然有集产主义派、实证主义派等集团成立起来，与他们相对峙。

在德国是拉萨尔派。我自己与恶名昭著的舒维泽通信了两年。在这些通信中，我对他无可辩驳地证明了拉萨尔底组织只是宗派组织，与国际工人联合会所期求的真正工人运动底组织是不相容的。他不理解此事，自有他的“理由”。

一八六八年末，俄国人巴枯宁加入国际工人联合会，他抱着一个目的，要在国际工人联合会内造成一个以他为领袖的第二国际，命名为“社会民主主义同盟”，他——一个没有任何理论知识的人——要求在那个特殊团体内代表国际工人联合会底科学宣传，而同时在国际工人联合会内作为这个第二个国际底特殊职务。

他的纲领，是肤浅地采取左派与右派一些东西而成的混杂物——阶级底平等！财产继承权底废除作为社会运动底出发点（圣西门底谬论）；无神主义作为会员都必须遵守的教义等；而主要的教义（蒲鲁东主义的教义）是逃避政治运动。

这本儿童入门书，在意大利与西班牙（那里的工人运动底现实的条件还不大发展）受到了欢迎，并且还有相当的立足地，而在说法语的瑞士与在比利时也有少数的虚荣的、野心的、空虚的理论家，欢迎着它。

教义（他从蒲鲁东、圣西门等所采取来的一堆废物）对于巴枯宁是一种次要的东西——不过是达到他的个人主张之手段。如果他在理论上是等于零，他当一个阴谋家却是擅长的。

总委员会与这种阴谋（这阴谋是得到了法国的蒲鲁东主义者——尤其是法国南部的蒲鲁东主义者——之某种程度的支持）斗争了许多年。最后，总委员会由大会底决议第一之（二）与（三）项、第九、第十六与第十七，给它一个准备了好久的打击。[①]

总委员会在欧洲所反对的，在美洲也显然不会拥护的。决议第一之（二）与（三）项和第九，现在给了纽约委员会以合法的武器，以终结一切的宗派与好事者集团，必要时可将他们开除。……

工人阶级底政治运动，当然是以夺取政权为其最终目的。为此，工人阶级之一种从经济斗争自身中生长出来而已发展到一定程度的以前的组织自然是必要的。

可是，另一方面，每一个运动，在这儿工人阶级是作为一个阶级去与统治阶级相对立并企图从外部以压力强制他们，都是一个政治运动。例如：在某一工厂，或某一作坊中，以罢工等强制个别资本家把工作时间缩短。这是一个纯粹的经济运动。反之，这运动如果是要以强力争取八小时制等等的法律，那就是政治运动。在这个方式下到处都是从工人底个别的经济运动中生长出政治的运动，即是说，阶级底运动，以便在一般的形态（具有一般的社会的强制力之形态）中实现它底利益。如果这些运动是以某种从前的组织为前提的，那末，这些运动之本身也同样是促进这个组织发展之手段。

在工人阶级于组织上还没有进步到能与集体权力——即统治阶级底政治权力——作决战的地方，不论如何，必须经过不断地鼓动以反对统治阶级底政治，对统治阶级底政治采取敌视的态度，以训练工人阶级。否

---

① 马克思是指第一国际底伦敦大会（一八七一年九月）而言。这次大会是特别讨论工人阶级底政治组织之问题。马克思说到的决议，是关涉下列的问题：第一之（二）与（三）项，国际工人联合会之巩固，总委员会底中央集权与领导作用之加强；第九，无产阶级底独立的政党之必要，政治斗争与经济斗争最密切的结合之必要；第十六与第十七，巴枯宁主义的小组织（“社会民主主义同盟”）之取消。——编辑部注

则，工人阶级将依然为统治阶级所玩弄。法国九月革命就证明此点，格兰斯顿一派在英国到现在还在玩弄得很成功的把戏在一定程度内也证明了此点。[①]

① 关于法国一八七〇年九月四日的革命，参阅《法兰西内战》。马克思所说的“格兰斯顿底把戏”，是指格兰斯顿所领导的资产阶级党与自由党员对于工会领袖之影响。——编辑部注

七

恩格斯致顾诺的信

一八七二年一月二十四日

……巴枯宁直到一八六八年一向是阴谋反对国际工人联合会的，到了他在伯恩和平会议[①]大失败之后，他加入了国际工人联合会，但立即又在国际工人联合会内部阴谋反对总委员会。巴枯宁有他的独有的理论——蒲鲁东主义与共产主义底混杂物，而对于第一个的主要点是，他不把资本，因而不把由社会的发展所发生的资本家与工资劳动者之阶级对立，视为应废除的主要弊害，而反以为国家是主要弊害。社会民主主义工人底广大群众，抱着与我们相同的见解，认为国家政权不过是统治阶级——地主与资本家——所造出的组织，以保护他们底社会的特权；巴枯宁却主张谓国家创造出资本，资本家只是由于国家底恩泽得到他的资本。因为国家是主要弊害，一定要首先把国家废除，然后资本自己就会灭亡。反之，我们主张说：废除资本，即废除全部生产手段之为少数人所占有，然后国家自己就会灭亡。这个差别，是本质上的差别：不先有社会革命而要废除国家，这是胡说：资本底废除，其本身就是社会革命，并包含着生产方法全部之

---

① 资产阶级的政治的和平联盟，在一八六八年九月开大会于伯恩。巴枯宁参加那个大会。——编辑部注

变更。可是因为巴枯宁以为国家是主要弊害，凡能维持任何国家（不论是共和国、君主国或其他）底存在的行为，都不应作。所以，完全逃避一切的政治。干政治的行动，尤其是参加选举，那就是背叛了原则。应该从事宣传，咒骂国家，进行组织，当所有的工人都信从时，这即是说，已取得大多数时，就罢免一切官吏，废除国家，而以国际工人联合会底组织代替之。这个伟大的行动——千年王国便是以此开始的——称为社会的清算。

这一切，似乎是极急进的，而且是简单到五分钟就能记熟。所以这种巴枯宁学说在西班牙与意大利的青年律师、医生与别的理论家之中，很快地受到欢迎。但是，工人群众决不会相信他们自己国内的公共事务，并不就是他们自己的事务；他们在本性上就是政治的，谁要欺瞒他们说他们应该放弃政治，结局他们会使他停止的。宣传叫工人不论在什么情况之下都不可参加政治，就是驱工人入于僧侣或资产阶级共和主义者之手。

因为据巴枯宁底意见，国际工人联合会并不是为政治斗争而建立的，为要使它在社会的清算实现之后，就可立即以它代替旧有的国家组织，这样它就必须尽可能地接近于巴枯宁底未来社会的理想。在这个未来社会中，最重要的，就是没有“权力”，因为权力等于国家，等于绝对祸害。（怎样经营一个工厂，怎样管理一条铁路，或者怎样开驶一只船，如果没有一个最后的决定的意志，没有一个统一的指导，他们自然是没有告诉我们的。）多数者对于少数者的权力也应停止的。每一个人，每一个市镇，都是自治的。但是，一个社会，就算是只由两个人组成的，如果各人都不放弃他底自治权底一小部分，怎么可能组成社会呢？巴枯宁对这个问题，又是默无一言。国际工人联合会也一定要依照这个模型修改：每一支部，支部中的每一个人，都是自治的。该死的巴塞尔决议案[①]，它把有害的甚至使其堕落的权力，给予总委员会。即使这种权力是自由让与的，也必须停止，因为它是权力。

你在这儿便简短地看到了欺骗者底主要观点。……

① 恩格斯所指的，是国际工人联合会巴塞尔大会（一八六九年九月）底决议，这些决议扩大了总委员会底权限。巴枯宁主义者进行一个猛烈的运动，要把这些决议取消。——编辑部注

八

恩格斯致倍倍尔的信

一八七三年六月二十日于伦敦

……不要被“团结”的叫喊迷惑住。那些在口头上最常说“团结”的，就是那些最会引起分离的人，正如现在瑞士的杰拉·巴枯宁主义者（Jurabakunisten），一切分裂底创始者，但他们嘴里所叫喊的再没有比“团结”二字更多的了。这些团结狂热者，或者是愚人，他们要把所有一切都搅在一种暧昧的粥里，只是静坐着，便可以重新恢复更尖锐的对立中的区别，因为它们现在是搅在一个锅里（在德国那些宣传工人与小资产阶级相协调的人中便是最好的例证）——或者是有意识地或无意识地（如米尔伯格）伪造运动。因此最大的宗派主义者，与最大的吵闹者和恶棍，在某种情形下是最响亮的叫喊团结者。在我们一生中，没有什么人比这些团结叫喊者给予我们更多的麻烦与诡计的。

每一个党的指导自然都是期望成功；这也是极好的。但是，有些场合，我们必须有勇气牺牲暂时的成功，以求取更重要的东西。尤其是像我们这样的政党；其最后的胜利是这样的绝对确定，在我们一生中亲眼看见它有这样巨大的发展，暂时的成功并非总是绝对必要的。例如，国际工人联合会在巴黎公社之后有巨大的成功。吓慌的资产阶级，以为它是全能的。绝大多数的会员以为这样的情形会永久继续下去。我们却深知泡沫一定要爆裂的。一切的歹人都依附它。在它内部的宗派主义者，开始繁盛起来并滥用国际工人联合会，希望人家会容许其最愚蠢的与卑劣的行为。我们并不容许。我们深知泡沫总有一天要爆裂的，因此，我们所努力的，并不在于使破裂延缓，而是在于使国际工人联合会一经过了这个破裂后能够成为洁白无垢的。泡沫在海牙大会爆裂了，你知道，大会会员大多数怀着失望的心情回去。可是，这些幻想着在国际工人联合会中一定可以找到普遍的友爱与协调底理想而现在已告失望的人，他们回归本国，差不多全都从事比在海牙大会所爆发的还要更剧痛的争吵呢！现在，宗派主义的争吵家宣传着协调，并诋毁我们为量窄者和独裁者。如果我们在海牙大会中采取调和的态度，如果我们把分裂之爆发隐饰起——会得到什么结果呢？宗派主义者，尤其是巴枯宁主义者，就会得到一年的长时间，借着国际工人联合会底名义，干更重大的、愚蠢的与卑污的事；最进步的国家中的工人，就会厌恶而离去了；泡沫便不爆裂，但已被针刺伤，定然会徐徐瓦解；而下次大会还是免不了爆发危机，变成为最卑鄙的人们底丑史，因为在海牙大会中早已把原则牺牲了。那末，国际工人联合会当然灭亡了——因“团结”而灭亡了！然而我们现在已荣誉地把腐败分子排除出去——列席于上次重要会议之公社会员说，没有一次公社会议像这一次对欧洲无产阶级底叛徒的裁判会议，给了他们这么可怕的印象——我们让他们在十个月中用他们的全部力量从事于说谎、中伤、阴谋——而他们在哪里呢？他们，国际工人联合会底多数者底所谓代表，现在声称他们不敢出席下次大会（详见与这封信一同送往《人民国家》报的一篇论文）。如果我们再做一次的话，就大体来说，是不会有什么不同的——策略上的错误自然是常犯的。

不论如何，我相信：拉萨尔派中的干练分子，经过了一个时间，自己会归向您，所以，在果子还没有成熟时就要摘取下来，如团结论者所想的那样，是不聪明的。

此外，年老的黑格尔已经说过：一个政党发生分裂，并经得起分裂——这保证它是一个胜利的政党。无产阶级底运动，必然要经过种种的发展阶段，在每一个阶段都有一部分人落后，不再跟着前进。……

九

恩格斯致左尔格的信

一八七四年九月十二日于伦敦

……跟着您的辞职，旧的国际就完全结束了。这是好的。它是属于第二帝国（Zweiten Kaiserreichs）底时代[1]，当时，风靡全欧洲的压迫，使刚刚复生的工人运动不得不保持统一，并抑止一切内部的论争。那正是无产阶级底共同的世界主义的利益能够显露出来的时机。德国、西班牙、意大利、丹麦，已加入运动中或正在加入。运动底理论的性质，在全欧洲，即在群众中间，于一八六四年时，实在还是极不明确的。德国共产主义还没有成为一个工人政党；蒲鲁东主义还太微弱，没有能力夸示其特有的幻想；巴枯宁底新杂货，在他自己的头脑中也还未有存在；连英国工会底首领们，也以为在《规约》底《诠议书》[2]中所述的纲领之基础上能够加入运动的。第一次的伟大成功破坏了各派底素朴的结合。这一次的成功，就是巴黎公社。巴黎公社在精神上无疑是国际工人联合会底儿子——国际工人联合会并没有动一只手指去制造它——而且对于它，国际工人联合会也

---

① 第二帝国，是一八五二——一八七〇年，拿破仑第三（路易滂拿泊）当法国皇帝的时候。——编辑部注

② 关于《诠议书》，请参看第一国际底《创立宣言》。——编辑部注

很正当地被负起责任来。

当“公社”使国际在欧洲成为一个道德力量的时候，争吵就开始了。各派都要利用这个成功。不能避免的崩坏就到来了。德国共产主义者愿依照广博的旧纲领而继续努力，他们底势力，一天比一天增加，对于他们势力伸张之嫉妒，使比利时的蒲鲁东主义者投入巴枯宁主义的冒险者底怀抱。海牙会议，就确实到了终末——对两派都是个终末。只在一个国家，还能用国际工人联合会底名义来干点事，这就是美国。可幸的本能把指导部转到美国去。现在，它底威望，在美国也已丧失了。要使它再有新生命的任何企图，都是愚蠢的，白费气力的。国际工人联合会支配着欧洲——十年间历史之一方面——未来所在的那一方面，是可以自豪地回顾其事业的。但是，在其旧形式中，它是已经过时了。要生产出一个新的国际，像旧国际一样，为各国所有无产阶级政党底同盟，会是工人运动底一种普遍的失败，如像一八四九年至一八六四年那时的情形一样。可是，无产阶级的世界现在已经太大、太广了。我相信，下一个国际——在马克思底著作已有好几年影响之后——将直接是共产主义的，并将直接提出我们的原则。……

十

马克思致左尔格的信

一八七七年十月十九日于伦敦

……在德国，我们底党有一种腐败的精神流行着，群众之间，还没有像在领导者（上级的与“工人”）之间那么盛行。

与拉萨尔派的妥协[①]，也引起了与其他不彻底分子的妥协。在柏林（经过莫斯特）与杜林及其“崇拜者们”妥协。此外也与一群半熟的大学生和超等聪明的博士们妥协；——他们要给社会主义一个“更高的理想的”转变，这即是说，要以近代的神话及其正义、自由、平等和博爱等女神来代替它底物质的基础（如果是要使用它，就必须认真地从事客观的研究）。霍希伯格博士——他出版着《未来》这份杂志——就是这一个倾向底代表者，他已把自己“买入”党了——我假定他是具着“最高贵的”存心，但我对于“存心”是视为不值一文的。如像他底《未来》底纲领的可怜的东西用它的更多“谦逊的自负”是很少看到光明的。

工人自己，当他们像莫斯特这一伙人一样放弃了工作而成为职业的文人时，他们就时常散布理论的毒害，而且他们时常依附于那些所谓“博学

① 这是指爱森那哈派与拉萨尔派在一八七五年哥达统一大会中所成立的妥协。详见《哥达纲领批判》一书中《马克思致勃拉克的信》。——编辑部注

的”等级来的思想错乱的人物。我们数十年来费了许多工作和努力从德国工人底头脑中肃清了的东西，使德国工人在理论上（因而在实践上），优越于法国和英国工人的东西——未来社会建设之幻想的空想社会主义——却又流行起来，不但与法国和英国的伟大的空想家来比，而且与魏特林来比，是采取着一种更空虚的形态。很自然的，在未有“唯物的批判的社会主义”的时期，“唯物的批判的社会主义”底萌芽是包含于空想主义里面，现在既有了“唯物的批判的社会主义”，空想主义重来，它就只能是更愚蠢的；是愚蠢的，陈腐的，根本上反动的。……

十一

恩格斯致柏克尔的信

一八七九年七月一日

……在议会中，李卜克内西底不合时宜的温和，很了然地在拉丁欧洲生出了一极不愉快的影响，而在德国人之间，也到处感到不愉快。[①]我们立即就在信札中这样说出了。旧时的柔和的低声鼓动会被监禁六个星期至六个月，这在德国已永远告终了。不论现在的状态是如何终结，新的运动是在一个或多或少的革命的基础之上开始的，所以，必然有一个比既往的第一个运动时期要坚决得多的性质。“和平完成目的”这句话，或者是不再用得着，或者是要用得更认真。当俾斯麦使这句话成为不可能而把运动掷入革命的方向时，他对于我们有非常巨大的贡献，不只是足以抵消那由于抑止我们的鼓动所生的些微的害处。

---

① 恩格斯是指一八七九年三月十七日李卜克内西在德国国会中的演讲。李卜克内西在这演说中有一段说：

“……我们的党是一个改良（照‘改良’这名词底最严格的意义来说）底党，而不是作暴力革命的党；以暴力的革命为目标，那完全是胡说。……我决然否认我们的努力是‘准对着’推翻‘现在的国家与社会制度’。”（见《德国国会会议报告》，柏林，一八七九年，“北德一般新闻”书店出版，第四四一页）——编辑部注

另一方面，这种在国会中的温和态度，结果使那些善于玩弄革命言辞的英雄们又开始趾高气扬，并企图以小组织与阴谋使党解体。这些阴谋底中心，就是此地的“工人协会”。[①]

① 在一八七九年，伦敦工人教育协会落入莫斯特底“左”倾机会主义策略底拥护者之手。后来，莫斯特及其信徒都堕落到采取公开的无政府主义的立场。在一八八〇年被开除出德国社会民主党之行列。——编辑部注

十二

马克思与恩格斯致倍倍尔、李卜克内西、勃拉克等的信（传规的信）[1]

一八七九年九月于伦敦

……他（舒维泽）复受人非难他“拒绝资产阶级的民主主义”。资产阶级的民主主义要在社会民主党中干什么呢？如果它是由“诚实的人”所组织的，它就决不愿意加入，如果它是想着加入，那就只为要争吵。

拉萨尔党“愿在最片面的方式内作为一个工人政党”。写那篇文章的先生们，他们自己也就是这样好一个在最片面的方式作为工人政党的那种政党底党员，他们现在在这个政党中担负着重要的职位。这里有一个绝对的矛盾：如果他们所写的话就是他们所想的，他们就应该脱离党，至少也要辞去他们底重要职位；如果他们不这么做，那末，他们就承认了只是想利用他们负责底地位来与党底无产阶级的性质作斗争。所以，如果党让他们保有其职位，就是出卖了它自己。

照这些先生们底意见，社会民主党不该成为片面的工人政党，而应成

---

① 在这封信中，马克思与恩格斯对咀立克《社会科学与社会政策年报》中的一篇论文即《德国社会主义运动底回顾——批判的箴言》给予批判的分析。这篇文章的作者是霍希伯格、伯因斯坦与斯拉姆。马克思与恩格斯称他们三人为“醉立克的三位一体”。——编辑部注

为“所有充满着真正的人类之爱的人们”底全面的政党。他首先应证明这个，就必须放弃它底粗野的无产阶级热情，在有教养的博爱的资产阶级指导之下，“培养优良的嗜好”与“学习美好的音调”（第八五页）。那末，一些领袖们底“流氓态度”就将变换为十分高贵的“资产阶级态度”（好像这里所指的那些外表上的流氓态度，还不是人家能非难他们之最微小的）。然后，也就可从有教养的与有财产的阶级得到许多的信徒。但是，如果所进行的鼓动要获得显著的成功，就一定要先争取这些人。

德国社会主义“太过重视争取群众，因此忽略了在所谓上层社会中作有力的宣传”。因为“党还缺少适于在国会中充当党的代表的人物”。可是，“把委任状给予那些有充分时间与机会可对当前的诸问题作根本研究的人们，是合适的而且是必要的，简单的工人与手工业者，只极少的例外，才有这样的必要余暇”。所以，选举资产阶级分子！

简单地说，工人阶级自己不能解放自己。工人阶级为要解放他自己，一定要受“有教养的与有财产的”资产阶级分子所指导，因为只有他们才有“时间与机会”来研究什么是对工人有利益的。

第二，工人阶级绝不是要对资产阶级斗争，而是要以有力的宣传去争取他们。

但是，如果我们要争取上层社会，或只是争取上层社会中善意的分子，那末，我们就不可惊吓他们。咀立克的三位先生以为他们已有这个最稳的发现：

> 正在现在，处于“社会主义者法令”底压迫之下，党表明它并不愿意从事暴力流血的革命底道路，而是决心采用合法的道路，即改良底道路。

所以，如果五十万至六十万的社会民主党底选举者——占选举者总数十分之一至八分之一，散处于全国各地——是有理性的，不会用头去碰壁，也不企图发动一个以一对十的“流血革命”，这就证明他们也永久不许他们自己利用外界的巨大事变，不许利用由此而起的突发的革命高潮，或甚至不许利用在革命高潮所生的冲突中的人民之胜利。倘若是柏林还这么下流，又来一次三月十八[①]，那末，社会民主党不应成为“狂热于障碍物战斗的流氓”参加斗争（第八八页），而必须“走上合法底道路”，采取和平的行动，清除障碍物，必要时协同光荣的军队一同进攻那些片面的、粗鲁的和下流的民众。如果这些先生们固持说他们的意思不是这样，那末，他们的意思是什么呢？

还有更好的呢。

党在对于现制度的批判与改革现制度的建议中表现得越镇静、客观和周慎，那末，现在（在社会主义者法令实施之时）已获了成功的那招棋——有意识反动以赤色魔影底恐怖把资产阶级驱至山羊角里的那招棋——是更少能再重复的。

为要把资产阶级的忧惧底最后痕迹扫除，就一定要明了而又有力地对他们证明赤色魔影实在只是一个魔影而并不存在的。但是，如果赤色魔影不是资产阶级对于他与无产阶级间不能避免的生死斗争之恐怖，对于近代阶级斗争底不能避免的结局之恐怖，那末，赤色魔影底秘密究竟是什么呢？取消了阶级斗争，资产阶级与“所有的独立的人们”就“不怕与无产阶级携手前进”。被欺骗的恰恰就是无产阶级。

所以，让党以其谦卑的可怜态度来证明它永久放弃了那种惹起社会主义者法令的“不当行为与暴行”。党如果自动答应只在社会主义者法令之

① 这是指一八四八年三月十八日至十九日柏林的革命的障碍物战斗。——编辑部注

范围内活动，那末，俾斯麦与资产阶级就一定会有把这多余的法律废去的好意啊！

“要了解我们”；我们并不想要“取消我们的党和我们的纲领，但我们以为：在我们能考虑到实现更远大的任务之前，必先完成一定的最近的目标，那末，在今后的许多年间，我们如果集中全部力量以完成一定的最近的目标，就已够我们干了”。于是，资产阶级、小资产阶级与工人，“现在被我们的远大要求所吓跑的，就将成群加入我们了”。

纲领并非取消，而只是延缓——延缓到无限期。接受那个纲领，并不是真正自己接受，也并不是对于它自己的一生，而是把它当作一件遗产，遗传给儿孙辈。在目前用我们全部精力从事各种细微的事情，补缀资本主义的社会制度，使它在表面上好像是有些变动，但又并没有把资产阶级吓倒。因此，我称赞共产主义者米葵尔，他这样来证明他坚决相信在数百年之后资本主义底不能避免的崩溃，他尽心进行欺诈，说他尽力促进了一八七三年底大恐慌①，因而确实是做了一些工作以促进现存社会制度之崩溃。

另一件违反了美好音调之事，是“过度攻击发起者”，这些发起者“只是时代底儿女”啊；“对于斯特劳兹堡②与这一类人物之侮辱……所以，最好是免去”。惜乎一切人们只是“时代底儿女”，如果这是一个充分的宽恕理由，那末，就不许再攻击任何人，我们底一切的论争，一切的斗争，都应停止；我们安然地听任敌人底蹴踢，因为我们贤者知道这些敌人是

① 一八七三年底大恐慌，终结了所谓“企业狂”（Grunder-taumel）——在德国统一（一八七一年）之后的狂烈的投机与证券交易所的赌博之时期。——编辑部注

② 斯特劳兹堡（一八二三——一八八四年），德国金融家，是一八七一年至一八七三年的“企业狂”之最著名的参加者之一。——编辑部注

“时代底儿女”，行为不能不如此。我们不能连本带利地报复他们的蹴踢，反而是应可怜这些不幸的人们。

同样，党之赞助巴黎公社是有害处的，把“那些不然便可以对我们同情的人冲回去了，而且，一般地增加了资产阶级对我们的憎恶”。还有，“对于‘十月法令’[①]之颁布，党是不能完全无咎的，因为党不必要地增加了资产阶级底憎恶。”

这就是咀立克三个检查员底纲领。他们底纲领是再明显也没有了。至少是对于我们，因为我们从一八四八年以来，对于这一类的词句都极熟悉，他们是小资产阶级底代表，他们十分恐惧地声明无产阶级因受其革命地位的迫使而“趋于过激”。他们所主张的，不是坚决的政治反对，而是一般的和解；不是对政府与资产阶级所斗争，而是企图争取与说服他们；不是对上层的虐待加以大胆地反抗，而是卑鄙地服从与让步，并承认惩罚是应得的。一切在历史上是必然的冲突，都被重新说明作误解，而一切的讨论，都以“我们究竟在主要点上意见都是一致的”这句作结束。一八四八年作为资产阶级民主主义者而出台的人们，现在也可以自称为社会民主主义者。一如民主共和国对于那些人一样，资本主义制度之没落对于这些人也是很遥远的，所以，在现代政治实践上是绝对没有意义的。我们可以恣意地调停、妥协和博爱。无产阶级与资产阶级间的阶级斗争也是如此。在纸上承认阶级斗争，因为是无法否认它的，但在实际上却掩饰它，冲淡它，减弱它。

社会民主党不应是工人政党，不应以资产阶级底憎恶或任何别人底憎

① 对付社会主义者的“非常法令”于一八七八年十月十九日发生效力。它禁止了社会民主党。党因而被迫从事秘密的活动。“非常法令”到一八九〇年才取消。——编辑部注

恶来重压自己；它主要应该在资产阶级中作有力宣传；与其着重于究竟非我们这一代人所能完成而只是把资产阶级吓怕的远大目标，就不如用全部精力从事那些小资产阶级的补缀的改良，以新支柱给予旧社会制度，因而把最后的崩溃转化为徐缓的、逐渐的、尽可能和平的解体过程。这些人也就是那些在忙于活动的假装下不但自己不干什么事情，而且阻止凡是除了空谈外要作任何事情的人们；也就是那些惧怕一八四八年至一八四九年底每一行动，阻碍了运动之每一步，最后使之失败的人；也就是那些看到了反动，而很吃惊地发觉他们自己最终跑入于既不能抵抗又不能逃走的绝路的人；也就是那些要把历史局限于他们的狭隘的小资产阶级的视界之内——但历史却超过他们而每次都走上日程——的人。

至于他们底社会主义的内容，这在《共产党宣言》论“德国的或真实的社会主义”这一章中已批判得很充分。既视阶级斗争为讨厌的“粗野的”现象，而把它抹在一旁，那末，作为社会主义基础的，就只有“真正的人类爱”与关于“正义”的空洞文句了。

以前属于统治阶级的人们也要加入战斗的无产阶级，把文化的要素贡献给无产阶级——这是一个基于发展过程中的不可避免的现象，我们在《共产党宣言》中已说得很清楚。但这里有两点要注意的：

第一，为要真实地有益于无产阶级运动，这些人物就也应该携来真正的文化要素，但是，德国资产阶级政变者底最大多数都不是这样。不论是《未来》或是《新社会》，都没有贡献什么能使运动前进一步的。真正的、具体的或理论的文化材料是绝对缺乏的。我们所得到的，是企图将一些把握得很肤浅的社会主义的观念，与他们从大学或别处所携来的极复杂的理论见解（由于德国哲学底残余现在所处的腐烂过程，每一个见解都比较前一个见解更为纷乱）相调和起来。不是以深刻研究新科学自身为开始，他们个个都要修剪新科学以适合他所已有的观点，迅速地造出他自己的私人科学，而且立即自命可以教人了。所以，这些先生们差不多每一个人就有一个不同的见解；对于某一个问题，不会把它弄明白，反而只是使其纷乱得更厉害——幸而差不多是只限于他们自己中间。这些以教他们从没有学过的东西为第一原则的文化分子，党是大可以缺少他们的。

第二，如果这一类从别的阶级来参加无产阶级运动的人物，第一个要求是，他们不要携带资产阶级、小资产阶级等的偏见底残余，而是要无条件地领取无产阶级的观点。可是，这些先生们，早已就证明了，是满脑袋装着资产阶级的与小资产阶级的观念。在像德国这样一个小资产阶级的国家中，这些观念当然自有其根据的。但只是在社会民主主义的工人政党之外。如果这些先生们组成为社会民主主义的小资产阶级政党，他们是有着完全的权利的。那时，可与他们商议，根据情况构成联合等。可是，在工人政党之内，他们是伪杂分子。如果有暂时容忍他们于党内的理由，那末，我们也就有义务仅是容忍他们不让他们影响党的领导机关，并时时醒悟到与他们分裂只是一个时间问题。分裂的时候好像是已到来了。党怎能再容忍这篇文章底作者于其队伍中，是我们所不能理解的。但是，如果党的领导是或多或少地落于这些人之手，那末，党就将被阉割，无产阶级的锋锐性也就将消失了。

我们呢？鉴于我们底全部过去，面前只有一条路可走。差不多在四十年来，我们着重指出阶级斗争为历史底直接的原动力，特别是资产阶级与无产阶级间的阶级斗争为现代社会革命底巨大杠杆。所以，我们对于那些要把这阶级斗争从运动中除去的人，是不可能合作的。当国际工人联合会创立的时候，我们明确定出战斗口号：工人阶级底解放应该是工人阶级自己的事业。有些人公然说出工人没有受教育，不能解放他们自己，一定要先由博爱主义的资产者与小资产者从上而下地解放出来。我们对于这些人是不能与他们合作的。如果党底新机关报采取了适合于这些先生们底见解的态度是资产阶级的，而不是无产阶级的，那末，我们虽很抱歉，但也只好公开宣布反对它，并解除我们一向在国外代表德国党的这种连带关系。但我们希望事态不会弄到那样的地步。……

十三

恩格斯致倍倍尔的信[①]

一八七九年十一月十四日于伦敦

……在第三部分内包含着对德国的庸人之不愉快的让步。为什么要关于“内战”之完全多余的一段呢？为什么要在“舆论”（德国的舆论总是啤酒庸人底舆论）之前脱帽呢？为什么在这里把运动底阶级性质完全抹杀呢？为什么使无政府主义者这样快乐呢？而且，这一切的让步是全然无用的。德国的庸人是联合的懦夫，他只尊敬那些使他恐怖的人。可是，谁去谄媚他，就被视为与他同等，就不把当作一个同等者来尊敬，这即是说，完全不尊敬。现在，称为舆论的啤酒庸人底愤慨之狂风暴雨，——既已平息，现在租税底压迫已使人民不论在什么场合都很疲惫，为什么现在还要说这些阿谀的话呢？如果你知道，这在外国产生什么样的印象啊！党底机关报，由党中和斗争中的人们来编辑，是很好的。但你只要在外国六个月，你对于党员在国会中对庸人的全然不必要的谦卑，就会有极不同的见解。在公社之后，袭击着法国社会主义者的狂风暴雨，与德国诺比林的悲

① 恩格斯在这封信中，批判社会民主党国会党团底报告（发表于一八七九年十一月）。在那个报告中，包含有若干很明显的机会主义的语句。——编辑部注

鸣[①]是完全不同的。法国的社会主义者底举止是何等的自负与自觉啊！你能在什么地方找到对敌人这样的软弱与恭维吗？当他们不能自由发言时，他们就沉默。他们让小资产阶级者咆哮。他们知道他们底时代是会再来的，现在这样的时代是到来了。……

……此外我还想提及奥叶尔的伪造，我们在这里既没有过低估计德国的党所要克服的困难，也没有过低估计已经获得的成功底意义以及党底群众迄今完全模范的态度。用不着说，在德国每一次获得胜利，我们都很高兴，如同别处获得胜利时一样，甚至是更为高兴，因为德国的党自始就在我们底理论主张之基础上发展的。但是，正因为这个缘故，我们特别关心着德国党底实际态度，尤其是党指导部底公开发表的意见须与一般的理论相符合。我们的批判，自然对于某些人是不愉快的。可是，党有一些人住于外国，他们不为纷乱的当地关系与斗争的细节所影响，他们时时用对于一切适用于近代无产阶级运动的理论原则来量度事件与言论，他们还反映党底行动在外国所产生的印象。这对于党与党底指导部，必定比一切的无批判的阿谀之辞更有益处。

① 一八七九年六月，诺比林在他的精神不健全时，企图行刺威廉第一，政府以此事件为借口，颁布《社会主义镇压法》。——编辑部注

十四

恩格斯致伯因斯坦的信

一八八一年十月二十五日于伦敦

……但盖斯德确是在为法国工党起草纲领草案到这里来的。在我的屋子里，马克思当着拉法格与我之面，把纲领理由书口授给他，由他记下来：工人只有当他成为他底劳动工具底所有者时才是自由的；——这个可以采取个人的形态或集体的形态。个人的所有形态，因经济的发展而被克服，而且一天比一天被克服得更完全——所以，留下来的，只是集体的所有形态，等等——这是确切的，只用几个字就能给群众说清楚的论证底杰作，这我是很罕见的，而且这种简洁的表现手法连我也为之惊服。然后讨论纲领其余的内容。我们加进了一些东西，又删去了一些。但从下面这一事实，就可看出盖斯德并不是马克思底代言人。他坚持要把他底“最低限度工资”底愚论，包括入纲领的里面，因为负纲领责任的不是我们，而是法国人。我们最后顺他的意，仅管他承认“最低限度工资”在理论上是没有意思的。

后来，法国人讨论这个纲领，修改了几个地方——其中马龙所提出的，不是改善——就通过了。……

但是，最使这些卑劣的吹毛求疵家（他们本来是一无所能的却偏装成无所不能的）发怒的，就是：马克思由于他底理论上与实践上的成就，获得了这样的地位，即，各国的所有劳动运动底最优秀人物，对他完全信赖。在紧急关头都来向他请教，而且通常都觉得他底意见是最好的。在德国、法国、俄国，他都有这样的地位，更不用说在其他的小国了。所以，并不是马克思把他底意见强人容纳，更谈不到强人听从他底意志，而是别人自己去向他求教。正因为这个缘故，马克思对于运动有极重要的特殊影响。

马龙也要来这里，但他要由拉法格那里得到马克思的特别邀请才来；这个特别邀请，他自然是得不到的。准备着与他如与任何其他人一样，善意地讨论，可是邀请为着什么呢？谁受过这样的邀请呢？

马克思以及我对于其他国家的运动之关系，是与他对法国人之关系一样。在我们继续不断与这些运动保持关系，如果是值得这样干，而且是有这样的机会的话。但是违反着他们的意志而去影响他们的任何企图只是有害于我们，并毁灭了自国际工人联合会时代以来的旧有的信用。这我们在革命事业中已有了许多的经验了。

十五

恩格斯致伯因斯坦的信

一八八一年十一月三十日于伦敦

如果有任何外界的事件，帮助马克思再恢复几分的健康，那就是选举了。[①] 无产阶级从没有行动得这么好。于英国，在一八四八年的大失败[②]之后，就陷于冷淡状态，最后，除了工会争取较高工资的个别斗争之外，工人阶级是屈服于资产阶级的榨取中。在法国，十二月二日以后，无产阶级就不再见于舞台了。[③] 在德国，经过了三年的空前的迫害，从不松弛的压迫，完全不能有公开的组织，甚至连调节也不可能。现在我们的青年们不单有往年的力量，而是比从前更强有力。而且正是在最重要的一方面比从前加强了，即，运动底重心从撒克逊底半农村的地域移到大工业都市来。

在撒克逊，我党底群众大部分是手织工人，蒸汽织机使他们避免不了没落，他们只靠“饥饿工资”与副业（种菜、雕刻玩具等）挨过穷苦的生活。这些工人是处在经济上的反动地位，代表着一个没落的生产阶段。所以，他们至少与大工业的工人不一样，不是革命的社会主义底天生代表

---

① 一八八一年秋天，社会民主党在国会选举中获得了三十一万二千票，十二个议席。——编辑部注

② 恩格斯是指英国宪章运动失败与衰微。——编辑部注

③ 在一八五一年十二月二日（路易·拿破仑底政变），参看《拿破仑第三政变记》。——编辑部注

者。他们并不因此而本质上是反动者（例如，这里残存的手织工人最后变成“保守的工人”底结晶的核心），但他们终是不确定的，特别是因为他们底极度贫困的状态，使得他们的反抗力比都市人要弱得多，而且因为他们的分散使得他们比都市的人更易于被奴役。根据“社会民主党”所发表的那些事实，这些可怜的人们，这样多次地英勇挣扎着，事实上这种英勇是可敬佩的。

可是，他们不是一个伟大国家范围运动底真正核心。在某些情况之下——如从一八六五到一八七〇年——他们底贫困使他们比大都市的人能迅速地接受社会民主主义的见解，但贫困也使他们更不安定……

现在，整个的形势是不同了。柏林、汉堡、布勒斯劳、莱比锡、德勒斯登、曼斯、欧芬巴贺、布勒门、爱贝菲尔、索林根、纽伦堡、迈河畔的伏兰克府、喀姆尼茨旁的汗脑与挨斯格堡底各地，有着一个完全不同的基础。“依他们底经济状态是革命的阶级，成为运动的核心。此外，运动已同等地扩张到德国所有的工业各部分中，从限于二三个地方中心的运动，现在渐渐成为一国范围的运动。这是最使资产阶级害怕的。”

十六

恩格斯致倍倍尔的信

一八八二年十月二十八日于伦敦

……在法国，期待了好久的分裂，是发生了。[①]盖斯德及拉法格与马龙和勃劳斯之原来的合作在党底创立时是不可免的，但马克思和我从没有幻想这种联合能够维持永久的。所争之点，纯粹是原则的：斗争是作为反对资产阶级之无产阶级底阶级斗争而进行呢，还是机会主义地（或者，翻译成为社会主义的言辞，称它为可能派）把运动底阶级性质以及纲领在那些能获得更多的票数、更多的信徒的地方都抛弃呢？马龙和勃劳斯宣称他们赞成后者，把运动底无产阶级的阶级性质牺牲了，使分裂不可避免。这样也好。不论在什么地方，无产阶级底发展都是在内部斗争中前进的。法国，现在才第一次组织工人政党，当然不会例外。我们，在德国，已越过了内部斗争底第一阶段，别的阶段还在我们的面前，在可能统一的时候，统一是极好的，但还有比“统一”更高贵的东西。像马克思和我自己一样的人，毕生与所谓的社会主义者作斗争，比

① 法国工党之分裂，是爆发于一八八二年九月二十五日圣爱丁纳大会（Kongress in St. Etienne）。党底委员会在其向大会报告中，提议把马克思主义者开除出党。大会底少数派——盖斯德与拉法格所领导的三十二位代表——退出了大会。大会底多数派偏袒着机会主义者。盖斯德派在鲁昂（Rouen）召集自己的大会（一八八二年九月二十七日）。——编辑部注

反对任何别人还要猛烈（因为我们把资产阶级只当作一个阶级，很少与个别的资产者斗争），对于不可避免的斗争之爆发，不会感到很悲哀的。……

十七

恩格斯致柏克尔的信

一八八五年六月十五日于伦敦

……在像德国这样的小资产阶级的国家中，党也定然有一个小资产阶级的“受过教育的”右派，在紧急关头就把他们赶出了。小资产阶级的社会主义肇始于一八四四年，在《共产党宣言》中就已批判过它了。小资产阶级的社会主义是与小资产阶级自身，同样不死的。《社会主义者法令》存在一天，我就一天不赞成我们挑起分裂，因为我们底武器并不是同等的。但是，如果这些先生们要把党的无产阶级的性质压抑下去，企图代之以没有力量或没有生命的、粗野的、没有美学的、没有感情的博爱主义，因此而挑起分裂，那末，我们也就只好听任其分裂了。……

马克思恩格斯关于唯物史观的书信

艾思奇 译

一

马克思给安能科夫的信

一八四八年十二月二十八日于布鲁塞尔

……什么是社会，它的形式又是怎样的？是人类相互行动的产物。人类可以自由地选择他们的社会形式吗？不能。把人类生产力发展的一定状态拿来一看，你就可以找到一种相应的交易和消费的形式。在生产、交易、消费的一定发展阶段上，你又可以找到一种相应的社会制度的形式，找到一定的家族组织、阶级状况，一句话，找到一种相应的市民社会。在这样的市民社会上，你又可以找到一种相应的政治状态，这政治状态仅是市民社会的公务上的表现。这一切，都是蒲鲁东先生不会了解的，因为他相信，只要把国家归结到社会，也就是把社会的公务上的要约归结到公务的社会，就算是做得足够了。

还要再说一点，人类对于他们的生产力——他们的全部历史的基础——并不是自由的主人，因为，任何生产力都是获得的力量，都是从前活动的产物。固然，生产力是人类实践能力的成果，但这能力本身却要依据于人类所处的境况，人类存身在这境况里，是靠着以前已经获得的生产力和当前已经存在（不是他们所创造，而是以前时代的产物）的社会形式。任何后来的时代都是靠着先前时代所获得的生产力（它对于前者是新的生产原料）而存在的，这一个简单的事实，就在人类历史中间构成了一种关联，构成了一种人类的历史，这历史，愈是因为把握到了人类的生产力的生长，也即是人类的社会关系的生长，也就愈成其为人类的历史。必然的结论是：人类的社会史，常常是他们个人发展的历史，不管他们自己对于这点是否能意识到，都是一样的。他们的物质关系构成了他们的一切关系的基础。这物质的关系，只是他们的物质的、个人的活动借以实现的必然形式。

蒲鲁东先生把观念和事实混淆了。人类决不放弃他们所获得的东西，但这并不是说，他们也不放弃那他们借以获得某些生产力的社会形式。完全相反，为要使努力所得的成果没有损失，为着不要失去文化的果实，人类在他们的交易方法不能再和既获得的生产力相适应的一瞬间，就不能不改变他们的传统社会形式——我这里所说的“交易”（Handel）是最广义的用法，等于德文里的“往来”（Verkehr）的意思。举例来说，譬如特权、行会和公会的组织、中世纪的法规等，都是社会关系，它们和既获得的生产力，和从来的社会状态（那些制度就是从这里面产生的）等，都是相适应的。在这些社团和法规的庇护之下，资本就积蓄起来，海上交易发展了，殖民地也建立起来——到这时，人类如果还想要保守着那些形式，保守着这些果实在其庇护之下成熟起来的那些形式，那他们就会连这些果实也要失去了。于是就有了两次的暴变，即一六四〇年和一六八八年的两次革命。一切旧的经济形式，一切和它相适应的社会关系以及政治的状态（它是旧的市民社会的公务上的表现）等，在英国都被打碎了。这样，人类实行生产、消费、交换等所依据的经济形式，都是过渡的、历史的。人类用新获得的生产力来改变他们的生产方式，又用这生产方式来改变一切的经济关系，这生产关系，只是这一定的生产方式上的必要的关系。

……蒲鲁东先生对于人类制造布、麻和丝织物的事有很好的理解。他能够了解到这么简单的一件事情，对他是一个大的功劳！蒲鲁东先生所不了解的是，人类也能有足够的力量来生产社会关系，他们就是在这关系里制造布和麻。蒲鲁东更理解不到的是，这能够生产社会关系（就像他们实行物质生产一样）的人类，也能够创造出观念、范畴，也就是创造出这同一社会关系的观念上的抽象的表现。因此，范畴也和它所表现的关系同样，不是永久的，它们也是历史过渡的产物。在蒲鲁东就完全相反，抽象物和范畴却成了基始的原因。照他的意思，创造历史的就是它们，而不是人类。抽象物、范畴，只就它本身来看时，也就是，把它从人类和人类的物质行动分离开来看时，自然是不死的、不更改的、不变易的，它只是一种纯粹理性的存在，也就是说，抽象物就它本身来看时，就是抽象的。可惊的同语反复！

于是，在范畴的形式上所看到的经济关系，对于蒲鲁东先生也成了永久的形式，它既没有起源，也没有发展。

让我们从另一方面来看：蒲鲁东先生并没有直接主张，说资产阶级的生活在他看来是永久的真实。但他是间接地这样主张了，因为他把那在思想形式上来表现资产阶级关系的范畴神化起来。当资产阶级社会的生产在范畴的形式上，在思想形式上呈现到他前面来时，他就把它当作独立进行着的、生来就形成了的、永久的东西。因此，他不能超过资产阶级的水平线。因为他是运用着资产阶级的思想来工作，并把它们预想作永久真实的东西，他就去寻求这些思想的综合，寻求它们的平衡，而不知道，它们借以达到平衡的目前的方法和方式是唯一可能的方法和方式。

事实上，一切良善的资产者们所做的，他都做了。他们都告诉你们，竞争、专卖等，在原则上（也就是，作为抽象的思想来看时），是生活的唯一基础，但在实际上，他们却还有着许多其他的愿望。他们都希望竞争不要有悲惨的结果。他们都希望着这不可能的事：即资产阶级的生活关系，不要有着这些关系的必然结果，他们都不了解，资产阶级的生产形式是一种历史的、过渡的形式，完全就像封建的形式一样。由于这个错误，就使得他们以为资产者是一切社会的唯一可能的基础，因此他们就不能想象会有那样一种社会状态：在里面人类会进步到不再是资产者的。

因此，蒲鲁东先生必然地成了教条主义者。那使得目前世界发生变革的历史运动，在他那里已经被消解成这样的问题：即怎样去发现适当的平衡，发现两种资产阶级思想的综合。于是这位练达的青年就精密地发现了隐藏着的神的思想，发现了两种孤立的思想的统一，其所以成为两种孤立的思想，仅仅是因蒲鲁东先生使它们从实际生活孤立起来，使它们脱离了它们所表现的现实的联系，即现代的生产的缘故。蒲鲁东先生用他的头脑的过敏的运动来代替那从（人类已经达到了的）生产力和（不能再与这生产力相适应了的）社会关系的冲突中发生起来的伟大的历史运动，来代替那在一国的许多阶级和许多国家中间准备着的可怕的战争，来代替那唯一能解决这些纠葛的实际的、强力的、群众的行动，来代替这一广泛的、长期的而又复杂的运动，这样一来，只要有那样的学者，那样的人类，他能够知道神的内心的思想时，他就能创造历史，小人物们仅仅是承受他们的启示而已。这样你就可以了解，为什么蒲鲁东先生会成为一切政治运动的公开的敌人。当前问题的解决，在他看来，并不是要靠公开的行动，而是要靠他头脑的辩证法旋转。在他看来，范畴就是推动力，人们用不着靠改变实际生活来改变范畴。完全相反，人类要先改变范畴，然后现实生活的改变，才能作为它的结果而出现。

想要把矛盾和解的愿望太迫切了，蒲鲁东先生竟全不知道要问一问，这些矛盾的基础本身是不是要重新改造。他完全就像那政治的教条主义者，他想保存国王，保存众议院又保存上议院，把它们看作社会生活的组成部分，看作永久的范畴，他只不过想寻求一种新的公式来使这些势力得到平衡（这平衡其实在当前的运动里是这样存在着的：即这些势力之一有时成为另一势力的胜利者，有时又成为奴隶）。事实是在十八世纪就有着很多的平庸头脑在努力想寻找真正的形式来使社会的诸阶层，使贵族、国王、国会等得到平衡，而到了最后时，国王、国会、贵族都没有了。这矛盾的真正平衡，就是一切社会关系的推倒，即成为一切封建的存在及这些封建的存在中的对立之基础的社会关系的推倒。

这样，蒲鲁东先生在一方面有着永久的观念，有着纯粹理性的范畴，在另一方面又有着人类和他们的实际生活（在他看来，这只是那范畴的应用），你在他那里一开始就可以找到一种关于生活和观念，关于灵魂和肉体的二元论——在种种的形式里反复出现的二元论。你可以看到，这样的对立，只不过是由于蒲鲁东先生对于他所神化了的范畴的普通的起源和历史的无力把握罢了。

二

马克思给韦得梅叶尔的信

一八五二年三月五日

……至于就我这方面来说，发现近代社会里有阶级的存在以及阶级相互间的斗争等，都不能归功于我，资产阶级历史家还比我更早就指出了这阶级斗争的历史发展，资产阶级经济学家也曾做过资产阶级经济的解剖。我的新东西，只是在于指出：（一）阶级的存在，必定是和生产上一定的历史发展阶段结合着；（二）阶级斗争必然要走到无产阶级专政；（三）这专政又仅只是扬弃一切阶级而达到无阶级的社会的过渡。……

三

马克思给恩格斯的信

一八五七年九月二十五日

……军队的历史，比任何事物都更明显地显示着我们的（关于生产力和社会关系的联系的）观点的正确性。一般地，战争在经济上很是重要。例如，薪俸制度，在古代，就是首先在军队里充分发展起来的。同样，在罗马人中间，Peculim Castrense[①] 就是对于非族长的动产私有加以承认的最初的法律形式。行会制度对于手工业工场的公会是这样，现在的机械的大规模的运用，也是这样。就是金属的特殊的价值，以及它的作为货币的用途，其起源（从 Grimm 的石器时代完结了以后）好像也正是依据于它的战争的意义。又，一部门内部的工作分工，也是最初在战争里产生的。资产阶级社会形式的全部历史，都可以很适当地概括在这里。你如果有时间的话，你可以就站在这样的观点上，来把事情研究一下。……

① 兵士在军营中所据有的财产。

四

马克思给恩格斯的信

一八六六年七月七日

……对于我们的生产手段决定生产组织的学说，能够有比在杀人工业里[①]所有着的还更显赫的确证吗？我想要你在这方面写点东西（我对这方面却很少认识），让我用你的名字作为附录放进我的书里，这一定要费你许多的力，你考虑一下吧。倘若成功的话，那就把它放进我详细论述这个主题的部分的第一卷里。你能理解我会多么样的欢喜，倘若你在我的主要著作（我现在才只做了一小部分）里直接作为一个帮手，而不仅只是在引文句中出现的话！……

---

① 即指军事。——编者注

五

恩格斯给史密特的信

一八九〇年八月五日

……一般地，“唯物论的”这几个字，在德国，在年轻的文人们看来，只算是一个简单的套语，无论什么都被人不加研究地用这套语来标记着，也就是说，只要贴上了这一个标记，就以为事情解决了。其实我们的历史见解主要的是研究的向导，而不是黑格尔派的构造的杠杆。在想要获得政治上的、私法上的、美学上的、哲学上的等观点之先，必须要把这些观点所适应、所做出的全部历史重新加以研究。必须要把各种各样的社会形成的现存条件加以探讨。在这方面现在所看见的还非常少，因为很少有人肯认真地这样做。在这方面我们需要大量的助力，它的领域是无限的大，谁只要肯认真地去做，就可以有很多成就，就能够出人头地。但现在不是这样，历史唯物论的套语（其实一切都可以被人弄成套语）对于许多青年的德国人只有这样的用处：加速地把他们自己比较贫乏的历史知识（经济的历史都还只睡在摇篮里！）系统地组成起来，这样使自己大胆地前进……

你是实际上有了成就的，你一定能够看出，青年作者们对于经济，经济的历史，交易、工业、农业、社会形成的历史等，能够用力研究的人多么稀少。对于毛列尔[①]，除了名字以外还知道多少！新闻记者式的自满似乎可以成就一切，而且看起来也好像如此。这些先生们常常以为所做的一切对于劳动者已经够好了。倘若这些先生们知道，马克思是怎样常常觉得，就是他的最好的东西，对于劳动者也不会是够好的，他是怎样地认为，如果有人不把最好的东西贡献给劳动者，那就是一种罪恶！……

① 毛列尔是农村“马克制度”的研究者，恩格斯对他的著作评价很高，而且用心地加以研究过。

六

恩格斯给布洛赫的信

一八九〇年九月二十一日于伦敦

……依据唯物论的历史见解，在历史中间，在结局上决定着的契机是现实生活的生产及再生产。马克思和我的主张都不过如此而已。倘若有人把它这样来曲解，说经济的契机是唯一决定的东西，那他就会把这命题转变成无价值的、抽象的、不合理的套语。经济状况是根底，但上层建筑的各种各样的契机——阶级斗争的、政治上的诸形式和它的成果——胜利的阶级在战胜之后建立起来的宪法等——法律形式，以及这一切斗争在斗争成员的头脑里的反映，如政治的、法律的、哲学的学说、宗教的观点和这观点向教条系统的进一步发展等，在历史斗争的过程中，都有着它们的作用，而且在许多场合还能有力地决定着它们的形式。这一切的契机有着一种交互作用，在这里面，经济的运动是通过了无限量的一切偶然性（也就是通过了这样的事物和事件：它们相互间的关联是那末隔离，那末难于指明，使得我们会把它忽视，把它看作并不存在的东西），而终于作为必然性贯彻着。要不是这样，那么，把理论应用到任一历史时期的事，就会要比简单的一次方程式的解决还更容易了。

我们创造我们自己的历史，但首先必须要在非常确定了的前提和条件之下。在这里面，经济的前提和条件是最后决定的东西。但政治的前提和条件，以及幽灵似的出现在人类头脑中的旧传统，也有着一种作用，但并不是决定的。普鲁士国家也是在历史的结局上、在经济的原因中发生起来和发展下去的。但如果要这样主张：说在南德意志的许多小国中，兰登堡就是由于经济的必然性，并不是还由于其他的契机（首先是因着普鲁士的领地而与波兰，以及因之而与国际政治关系间所发生的牵连——这在奥地利的王权的形成上也是决定的），而被决定成为一个强国（在这里面体现着北部和南部在经济上、言语上以及改革以后的宗教上的不同），那就未免迂陋了。要想把已往和现在的每一个德意志小国的存在，或高德意志（北部德意志——译者）的语言变音（LautverscLicbung，这语言变音把德国在地理上的，由苏台德到陶奴士的山脉所形成的障壁扩展成形式上的分裂）的起源加以经济上的说明而不至于闹笑话，那是很困难的。

其次，历史又是这样被创造着的，即最后成果常常是从许多个别意志的争斗中产生出来，而每一个意志的表现如何，又是依据着许多特殊的生活条件而形成起来。因此，就有着无数互相交叉的力，有着各种力的平行四边形的无限的丛聚，由这里产生一种合力——即历史的事件。这历史的结果又可以被看作一种不自觉地不自意地作用着的总的势力的产物。因为每一个个别的人所愿望的东西，都会被每一个另外的人所妨害，而所出现的东西，都不是人所希望的。以往的历史就是这样作为一种自然的过程进行着，并且在本质上也是服从于这样的运动法则。但是，从这一点，即个别人的意志——这意志是表现着一个人的身体素质和他外部的、在结局上经济的（不论他自己的或是全体社会的）环境在他身上所促成的愿望——不能达到他所向往的东西，而只能解消在一个总体里，一个总的结果里，但从这一点，不能就因此总结它（即个别人的意志——译者）是等于零。

相反地，每一个人的意志对于总的结果都有贡献，而且也就是这样被包含在它里面的。

我还想要求你：要从原著里去研究这学说而不要向复述者学习。实际上这样做还更容易得多。马克思从没有写过一种不包含这个理论的东西。特别像《拿破仑政变记》，就是这理论的应用上的一个非常辉煌的例子。同样在《资本论》里也有许多指示。我还可以请你参看我的著作：《反杜林论》和《费尔巴哈和德国古典哲学》的总结，我在这里对于历史的唯物论，凡是我所知道的，都给予了最详细的说明。

青年们所以常常会把经济方面过分地着重了的原因，马克思和我也要负一部分的责任。当时我们在论敌前面，必须要强调那被他们所攻击着的主要原则，于是就没有更多的时间、地方和机会，来使其余的交互作用中的诸契机获得它应得的地位。但因为那是为着要对一个历史阶段加以说明，也就是说为着要实际地应用，那情形是不同的，而这里就不能有什么错误。遗憾的只是太常常地说有人以为，只要把主要命题抓住，而且还不一定是正确地抓住，就算是对于一种新理论完全得到了解而且充分地能够运用了。在这方面，我不能不责备那些最新的“马克思主义者”，许多古怪乱谈都是从此产生的。……

七

恩格斯给史密特的信

一八九〇年十月二十七日

……事情要从分工的观点上看，就最容易了解。社会产生出它所不能缺少的某些共通的机能。担负这机能的人们就形成了社会内部分工的新的分支。他们因此也就有着特殊的利益而不同于他们的授权者们，他们在后者的前面独立起来，于是——这就有了国家。这样，情形就像在商品交易以及稍迟的货币交易里一样：新的独立的权力本来是依据于生产运动的，但由于它内部存在着的，也就是一度赋予它而渐渐地进一步发展起来的相对的独立性，使得它对于生产条件和进程也发生了反作用。这就有着两种不同的力的交互作用，有着经济的运动对于一种（向着尽可能的独立性进展的，既已一度出现，就也获得了一种独特运动的）新的政治权力的交互作用；经济运动主要是一直贯彻着的，但它还要受到那依据于它而出现，并获得了相对独立性的政治运动（一方面是国家权力，另一方面是与国家权力一起产生出来的对抗者的运动）的反作用，就像工业市场在大体上，在上面所说的保留条件之下，是反映于金融市场，同时自然也有着逆转一样。从来就存在着的阶级间的斗争，也反映于统治者和对抗者中间的斗争，并同样也有着逆转，不是直接地，而是间接地，不是作为阶级斗争而是作为政治原理上的斗争，这样的逆转，使得我们要经过几千年的时间，才能够发现它的真相。

国家权力对于经济发展的反作用可以有三种：它会循着同一的方向而走上先头，而且发展得较快；它会走上相反的方面，这种情形在今日会使每一个大民族的力量受到破坏；或者，它会把经济发展的一定的方向切断，而规定出另外的方向——这一种场合，结局又会还原成前面两种场合之一。很显然，在第二和第三两种场合里，政治权力对于经济发展会给予大的损害，会造成大量的力和物的浪费。

在这儿还有一种场合，即经济手段的掠夺和蛮横的毁坏，这在以前的情况之下，能够使经济上的一个地域和民族的发展全部毁灭。但在今日这种场合差不多只有相反的作用，至少在大的国民中间是这样：被打击者常常最后在经济上、政治上、道德上比胜利者还更多地得到胜利。

就法律来说，也是一样：当新的分工成为必要时，就产生了职业的法律家，于是一种新的独立的领域展开了。这领域除了对于生产和交易有着它的一般的从属关系之外，同时对于它们又有着一种特殊的反作用的能力。在一个近代的国家里，法律不仅适应于一般的经济状况，而作为它的表现，并且还得是一种在自己本身有着关联的表现，它不能因为内在的矛盾而在表面上也显现出不一致。为要做到这一点，于是经济关系反映的真实性就愈加地被破坏了。法律的典籍愈不能够成为严峻的、无情的、不虚伪的、阶级支配的表现时（这可以说已经就违背了“法律概念”了），那破坏也就愈厉害。一七九二年到一七九六年的革命资产阶级的纯粹的彻底的法律概念，在《拿破仑法典》里已经有了某些方面的伪造。而当它在法典里面体现出来以后，因为无产阶级力量成长起来的缘故，它还要渐渐地从各方面减弱下来，使《拿破仑法典》能够成其为法律典籍的那东西也就是在整个大陆上的一切法典编纂的基础。因此，“法律发展”的进程本质上不外这样的：首先企图要解决那为着把经济关系间接地转移成法律基本原则而产生的矛盾，并建立一种调和的法律体系；接着是经济发展的影响和强制又不断地要把这体系冲破，于是，又把它卷入新的矛盾里（我这里首先只就民法来说）。

经济关系在法律原理上的反映，也必然地同样是一种头足倒置着的东西：它的出现不要求处理它的人对于它有明白的意识，法律家总以为自己是根据先验的原则行事，而不知道这只是经济的反射——于是一切都头足倒置了。而这种颠倒（它在没有被识破的时候，就构成了我们所谓的意识形态的观点）之能够又从它这方面反作用于经济基础的事，对于我们却好像是自明的。继承权（以相当的家族发展阶段为前提）的基础是经济的。但我们却很难于证明：像英国绝对的遗嘱自由，像法国对于这自由的很强的限制，是不是在一切部分都只有着经济的原因。然而两者都以极显著的方式反作用于经济，即它们影响到了财富的分配。

至于说到那悬浮在更高空中的意识形态领域，如宗教、哲学等，那末，这些东西还有着一种史前的、从历史的时代中出现和继承下来的储藏，一种在今天的我们会要说它是愚想的储藏。这各种各样的关于自然，关于人类性质，关于精灵、魔力等的虚伪的表象，大都是消极地有着经济的基础。史前时代低度的经济发展，把那关于自然的虚伪的表象当作了补充，有时也当作了条件甚至于原因。但是，虽然经济的必要是前进着的自然认识的主要推动力，而且永远也会是如此，但如果有人想给这一切原始的愚想都归到经济的原因，那就未免迂陋了。科学的历史就是这种愚想被渐渐排除的历史，是那新的、比较不荒诞的愚想来把它代替了的历史。在这上面工作的人们，又是属于分工的特殊的方面，并且还自以为是开辟了一种独立的领域。愈是让他们在社会分工的内部形成了一种独立的集团，那他们的产物，以及他们的误谬，就愈是对于全社会的发展甚至于经济的发展有着一种反作用的影响。仅管如此，他们本身仍然是居于经济发展的支配的影响之下的。例如在哲学里，就布尔乔亚的时代来说，这种情形就最容易得到证明，霍布士是最初的近代唯物论者（指十八世纪而言），又是当时的绝对主义者，而当时正是绝对君主制在全欧洲全盛的时代，在英国正是与民众进行斗争的时代。洛克在宗教上和政治上都是一六八八年的阶级调和的产儿。英国的无神论者，和他们彻底的推进者，即法国唯物论者，都是资产阶级的正派的哲学家，法国唯物论者甚至于还是资产阶级反革命的哲学家。在康德到黑格尔的德国哲学里是贯穿着德国资产阶级俗物的性质——时而积极，时而又消极。但是，作为一定的分工的领域，每一时代的哲学都得以一定的思想材料作为前提，这材料是它从它的先行者继承下来，而它就是从这里出发的。于是就发生这样的事：在经济上落后的国家，常能够在哲学上起领导的作用，例如十八世纪法国对于英国（法国人就是立足在它的哲学上的），后来德国对于前两者。但不论在法国和德国，哲学仍是像每一时代的一般著作的繁荣一样，都是一种经济上飞跃的结果。经济发展的最后的至上权，我认为在这些领域上仍是确立着的，不过它要通过个别领域本身所规定的条件而表现出来：例如在哲学里，就表现为在先行者遗留下来的现有哲学材料上所发生的经济影响（它多半又是首先在政治等的外衣之下作用着的）。经济不会直接从本身创造什么，而只是决定着现存的思想材料的改变和补充的方式，而这种决定，当它是作为政治、法律、道德的反射（这一切对于哲学有着重大的直接作用）时，也几乎全是间接的。

对于宗教方面，我在《费尔巴哈论》的最后一节里已经把最必要的东西说过了。

因此，当巴特（Barth）以为我们是把一切经济运动本身的反作用都否定了时，他只是向风车格斗罢了。他只要去看一看马克思的《布鲁美尔十八日》，那儿所说的差不多都是关于政治上的斗争和事件所演着的特殊作用（自然是在它对于经济条件的一般的从属性以内的）。或者看《资本论》，例如在关于劳动日的一节里，立法（这就是一种政治行为）对于劳动日是起着多么深刻的作用。或者看关于资产阶级的历史的一节（二十四章）。或者问为什么我们要为着无产阶级的政治上的专政而斗争，倘若政治权力在经济上是无力的话，支配权力（这是说国家权力）也正是一种经济上的势力。

但我现在没有时间来批评那本书[①]。第三卷必须要先弄出来，并且我相信，譬如伯因斯坦，也能够把那件事完全处理好的。

这些先生们所缺少的就是辩证法。他们常常只看见这里是原因，那里又是作用。他们一点也不知道这是一种空洞的抽象。在现实世界里，这种形而上学的两极对立，只存在于破局中，整个的大的进程是在交互作用（是极不相等的作用，经济的运动在这里一直都是最强力、最根源、最决定性的）的形式中进行着，这里没有绝对的东西，一切都是相对的。他们看不见这些，对于他们，黑格尔是不存在的。……

---

① “那本书”是指巴特所著的《黑格尔的历史哲学和一直到马克思和哈特曼的黑格尔学派》。

八

恩格斯给斯他尔根堡的信

一八九四年一月二十五日于伦敦

（注）恩格斯这封信里面答复两个问题：第一，经济关系是怎样作为原因而作用着？它对于发展算是一种充足的原因、根据、诱因和恒久的条件吗？第二，种族要素和历史的个人究竟有着什么样的一种作用？

第一，我们所谓的经济关系（我们把它看作社会历史的决定基础），是一定社会的人类用来生产他们的生计并实行互相交换生产物（在分工存在着的情形里）时的方法和方式。因此，它里面就包括生产和运输的全部技术。依我们的见解，技术又决定着交换的方法和方式，进一步又决定着生产物的分配，由此又决定着阶级的划分（在氏族社会解体以后），决定着支配和奴役的关系，决定着国家、政治、法律等。在经济关系里包含着的，还有地理的基础（经济关系就是在这上面活动着的），还有那以前的经济发展阶段在实际上留传下来的残余（这残余之所以能保存下去常只是由于传统或惰性），自然也还有那从外面把这社会形成包围着的环境。

如果如你所说，技术是大部分从属于科学的状况，那末，科学的状况还更甚的要从属于技术的状况和需要。倘若社会上有一种技术上的必要，那就比十个大学还更能推动科学前进。整个的静水力学，都是由于十六和十七世纪意大利有整顿山岳上的洪流的需要而发达起来的。在电学方面，是自从它在技术上的有用性被发现了以后，我们才有了一些正常的东西。然而可惜，在德国，人人写科学历史的时候，总是惯于把它形容成天上掉下来的一般。

第二，我们把经济条件看作在结局上规定着历史发展的东西。但种族也正是一种经济的因素。在这里有两点是不能忽视的：

（一）政治、法律、哲学、宗教、文学、艺术等的发展，都建立在经济上。但它们在互相间和在经济基础上又都有着反作用。并不能说，经济状况就是原因，是唯一能动的，而其他一切都只是被动的作用，而是在结局上常常把自己贯彻着的经济必然性的基础之上的交互作用，例如国家，就通过了保护关税、自由贸易、好的或者坏的财政制度而发生作用，甚至于就是那德国资产阶级俗物们从一六四八年到一八三〇年德国的经济穷乏状况中发源出来的致命的软弱和无能（这在最初，是表现为虔敬主义，后来又成为感伤主义和爬行的、对王侯和贵族们的屈服）也未尝没有经济上的作用。它曾经是复兴的最大障碍，后来革命的和拿破仑的战争把慢性的穷乏变成了急性，才算是把它动摇了。因此，像人们这样那样地随意想象着的那经济状态的自动作用是没有的，这里有的是人类自己创造的历史，不过这创造是在一种所予的、有限制的环境之内，是在现存的事实关系的基础之上，在这些关系里，经济关系虽然会从政治的和意识形态的关系方面受到影响，但在结局上它是决定的东西，并且形成了贯穿在它们中间的、唯一引导着人达到了解者的红线。

（二）人们创造他们自己的历史，但直到现在都还不是用全体的意志向着一个总计划去创造，即便是在一个有着一定范围的所予的社会里，也不是这样做。他们的努力互相交错着，因此，使得一切这样的社会里都支配着必然性（它的补足和现象形式是偶然性）。这通过了偶然性而把自己贯彻着的必然性，结局又是经济的东西。到这里就可以讨论到所谓的大人物了。一件这样的东西，而且恰恰只有他在这一定的时间和这所予的国土里出现，这自然是纯粹的偶然。如果我们撇开这偶然，那就得需要补偿，这补偿是不论好坏都会出现的，不过要在长时期的继续中出现。拿破仑，正是这个克尔西加人，军事的独裁者，从自己战争中被创造出来的法兰西共和国需要着他，这是偶然；至于缺少了一个拿破仑时一定会有人来代替他的位置，也是可以证明的，即只要是有需要的话，这样的人是随时都可以找到：不论是西泽、奥古斯都、克伦威尔等。如果说，马克思是发现了唯物论的历史见解，那末，从梯里、米格纳特、居左以及一八〇五年以前的全部英国历史家那里可以看出已经有人向这方面努力，而这同一见解之被摩尔根所发现，更证明这见解的成熟时间已到，因此，它就不能不被发现。

历史上一切其他的偶然的东西和外表上的偶然的东西都是这样的。我们所研究的领域离开经济愈远，并愈接近于纯粹抽象的意识形态时，那就愈能让我们看出，这些领域的发展中呈现着偶然性，而它们所循的路线也愈曲折。如果你把这路线的交叉轴线描画出来，你就会看出：倘若所观察的范围愈长久，处理的领域愈扩大，那末，它的轴线就愈和经济发展的轴线接近地平行地进行着。

正确认识的最大障碍，就是德国著作界里对于经济历史的不负责任的忽视。事情的困难，不仅在于要革除那在学校里铸打成了的历史观念，更困难的是要搜集那必要的材料。谁只要看看那老居里希的书，他在他的枯竭的材料堆里竟包含着那样多的用来解释无数政治事实的题材！

最后我要说，马克思在《布鲁美尔十八日》所给予着的那优秀的范例，对于你提的问题已经有着很适切的教示。我还要说，在《反杜林论》第一章第九至第十一节、第二章第二至第四节以及第三章或序论里，又在《费尔巴哈论》的最后一节里，已经把所有的要点都确定了。

九

恩格斯给梅林的信

一八九三年七月十四日

……意识形态是一种过程，这过程是凭借着所谓思想家的意识来完成的，但所凭借的是一种假的意识。推动着思想家的那本来的原动力，思想家是意识不到的，否则就不会成其为意识形态的过程。思想家所想到的常是假的或表面的原动力。

因为它是一个过程，所以它的内容和形式，都是从纯粹的思想（不论是思想家自己或是他的先行者）里引导出来的。思想家凭借着单单的思想上的材料来工作，他是毫不思索地把这材料当作从思想里产生的东西，同时也不进一步去探究那离得比较远的、不从属于思想的过程，并且在他们看来，这好像都是自明的事情，因为所处理的东西都是以思想为媒介，因此，也就好像都是在结局上以思想为基础的东西了。

历史的意识形态代表者（这里的历史，是简单地总括那政治、法律、哲学、神学的领域，一句话，即属于社会而不仅只属于自然的一切领域）就这样在每一科学领域里都有着一种材料，这材料从以前时代的思想里独立地形成起来，并在这互相连续的时代的头脑里构成一种独立的、特有的发展系列。虽然如此，外部的事实（不论是属于它本来的领域或其他的领域的事实）对于这发展仍是起着决定性的作用，但这事实是作为沉默无言的前提，甚至于它也就是一种思想过程的成果，于是我们就只好仍然停留在那（就是最坚硬的事实，也被它轻易地消化了的）思想的范围里。

这一种关于（国家宪法、法律系统、意识形态上的观念等）各自领域上的独立历史的外观，把所有的人的眼睛都蒙蔽了。

如果说，路德和加尔文战胜了官派的加特力教，黑格尔战胜了费希特和康德，卢骚[①]间接地以他的《社会契约说》战胜了宪法上的孟德斯鸠，那末，这就是一种限定在神学、哲学、国家科学里的过程，它呈现为一种观念领域的历史之内的过程，且绝不越出观念领域一步。而自从关于资本主义生产的永久性和最后完成性的资产阶级幻觉出现以后，重农主义对重商主义的克服以及作为思想上的唯一胜利的亚当·斯密，都不能算作变动中的经济事实在思想上的反射，而只被看作对于恒常地普遍地存在着的事实条件的最后获得的正确见解了。

倘若狮心王李查和菲力普·奥古斯丁（法兰西国王）实行了自由贸易，而不是被卷入在十字军中，那末，那五百年的兵灾和蠢事也许就可以省去了。

对于事情的这一方面（我在这里对它只能给予提示），我觉得我们都没有给予它所应该受到的重视。有一个旧的典故：在开始时形式常常比内容更容易被忽视。如像已经说过的，我就是做了这样的事，而错误常常在事后才暴露出来。

因此，我不仅仅是不能从上面的情形里找出一种对你的责难，这

① 现通译为卢梭。

样的事，在我这样一个比较年长的同罪者是不应该的，相反——我只应该使得你在将来对于这一点注意一下。

意识形态代表者们的愚妄的观念和这也有着关联：因为我们否认了意识形态的各种各样的方面（它们在历史上都有着一种作用）独立的历史的发展，于是也否认了它们的历史活动。这就是由于把通常的关于原因和作用的非辩证法观念当作了强硬的互相对立的两极来看的缘故，由于对交互作用的绝对忽视的缘故；一种历史的契机依据着其他的，最后依据着经济的事实而一度出现到世界上来时，它就能反作用于它的环境甚至于它本身的原因，这一点，先生们常常是完全故意地把它忘了，例如巴特在他的著作第四七五节里讲到僧侣和宗教的地方。……

论爱尔兰问题[①]

柯柏年 译

① 这里所重印的马克思和恩格斯讨论爱尔兰问题的三封信，是他们在民族问题上所采取的政策之古典的例子。关于马克思和恩格斯对爱尔兰问题所采取的立场，列宁说过了这样的话：

“马克思和恩格斯在爱尔兰问题上，也实行了彻底的无产阶级的政策，这个政策真正以民主主义和社会主义的精神教育群众。只有这个政策，能使爱尔兰和英国都不至于将必要的改革延迟五十年，不至于由自由派为反动势力着想而来损伤这种改革。

“马克思和恩格斯在爱尔兰问题上的政策，做了一个最伟大的，至今还有巨大的实际意义的榜样，指示压迫民族底无产阶级应当怎样对待民族运动，警戒他们不要沾染各个国度、各个人种以及说各种语言的小资产阶级所持有的那种‘奴隶式的急躁性’，这些小资产者手忙脚乱地认为谁要是把由某一个民族中的地主和资产阶级底暴力和特权所造成的国界加以改革，谁就是‘空想家’。

“爱尔兰的和英国的无产阶级，如果没有采纳马克思底政策，没有把爱尔兰独立作为自己的口号，他们就犯了最恶劣的机会主义的错误，忘记了民主主义者和社会主义者底任务，而向英国反动势力和资产阶级表示了让步。”（《列宁全集》）第十七卷，“论民族自决权”）——编辑部注

一

恩格斯致马克思的信

一八五六年五月二十三日于曼彻斯特

旅行爱尔兰时，我们从都柏林到西海岸的加尔威，再朝向内地北行，达里摩黎克，沿善农河而下抵塔柏特、特拉里、基拉尼，再返到都柏林来。一共在该国跑了四百到五百英里。我们所看到的地方，约占全国底三分之二。都柏林具备着曾为小帝都的性质，而且全部是英国风格的建筑，都柏林与伦敦的关系，正如杜塞尔多夫与柏林之关系一样，除了都柏林之外，全国底外观，尤其是都市，都与法国或意大利北部极相似。宪兵、牧师、律师、官僚、绅士多得很，却完全没有任何工业，所以，如果没有看到另一方面的情形，即农民底穷困，那就很难明白所有这些寄生物是依靠什么生活的了。全国随处都可见到“高压手段”，政府对于一切事情都干涉，所谓“自治”，连一点影子也没有。我们可以把爱尔兰看作英国底第一殖民地，因为接近于英国，所以还是照着老方法直接被统治着。我们在这里就已经可以看到英国公民底所谓自由，是以对殖民地之压迫为基础的。我从没有在任何国度中看见过这么多的宪兵，这里的拿着短枪、刺刀和手铐的警察，把普鲁士宪兵纵酒的容态，发展到最高峰。

这个国度底特色，就是遍地废墟，最古的是从第五和第六世纪遗留下来的，最近的是从十九世纪遗留下来的——还有从介乎这两个时期的许多中间时期遗留下来的。最古的都是些教堂；在一一〇〇年以后的，是教堂和城堡；在一八〇〇年以后的，是农民底房屋。整个的西部，尤其是加尔威附近，随处都是这些破碎的农民房屋，大部分是在一八四六年以后才遗弃的。我从没有想到饥荒会有这么明显的现实性。整个的村子是荒废了，而在这些荒废的村子中间，是小地主底美丽园邸。依然住在那一带地方的，差不多就只有这些小地主，他们大都是律师。饥荒、移民和清理债务，合力造成了这种状态。在田野间，连牲畜的影子都没有看到。土地完全是荒地，谁都不要。在加尔威以南的克勒郡，情形就比较好，那里至少是有一些牲畜。向着里摩黎克的小山，大部分由苏格兰的农民耕种得极好，废墟已被扫除，该地的外观是富裕的。在西南部，有许多的山和沼，但也有茂盛得惊人的森林，在其后面是很好的牧场，尤其是在蒂帕累利和向都柏林一带的土地，我们可以看出是逐渐落入富农之手。

英国人从一一〇〇年到一八五〇年的侵略战争（战争与包围状态两者的时期，确有这么长久），使土地完全荒废了。废墟大部分是战争时期的破坏所造成的。这是一件事实。爱尔兰人民底特殊性格，就是由此得到的。他们虽然具有爱尔兰民族的狂热性格，但他们在自己的国内，已不再觉得是在自己的家乡了。爱尔兰是为着撒克逊人的！那种情形，现在早已实现。到爱尔兰来的英国人，不论在哪一方面，都有比较优越的手段。爱尔兰人知道他们不能与英国人竞争。爱尔兰人将继续离开祖国而移居海外，直至爱尔兰人口底克勒特（celt）的性质——爱尔兰人口，差不多是属于克勒特民族——完全消灭为止。爱尔兰人常有所图谋，但不论是在政治上或在产业上，每次都被压倒。由于一贯的压迫，人为地把他们变成一个完全堕落的民族，他们现在担负着一种恶名昭彰的职务，即以娼妓、临时雇工、姘头、窃贼、欺诈者、乞丐和别种流氓，供给英国、美国、澳洲和其他地方。贵族阶级也具有这种堕落的性格，所有别国的地主，都具着资产阶级的品性，但爱尔兰的地主是完全堕落的。他们底乡间住宅，有巨大的奇丽的花园环绕着，但其四周都是些荒地，可以供给他们钱的地方，是完全看不见的。这些人都应该被枪毙。他们是混合种，大都是高大的、强壮的美男子，在罗马风的巨大的鼻子下面，留着很密的胡子，装成退职大佐底军人风调，旅行于国内各地以追求各种各样的享乐。如果我们调查一下，他们是连一个铜板都没有，债台高筑，在因负债而落入法庭底恐怖中过活。……

二

马克思致顾格曼的信

一八六九年十一月二十九日于伦敦

您或许已在《人民国家》上看到我所提出的关于爱尔兰大赦问题的反对格兰斯顿的决议。[①] 我现在像从前攻击派麦斯顿（Palmerston）一样地攻

① 这是指马克思于一八六九年十一月末在第一国际总委员会上提出他关于爱尔兰问题的决议案时的演说，他的决议案经过了长时间热烈地辩论，由全体通过。这个决议案，欢迎爱尔兰人征求大赦——赦免那些为征求爱尔兰民族解放而被禁锢的领袖们——的奋斗；抗议英国首相格兰斯顿底行动，他“提出一些条件，以妨害政治大赦之实行；他所提出的条件对于恶劣政府底牺牲者，以及对于这些牺牲者所属的人民，都是侮辱的”。——编辑部注

一八六九年十一月十八日，马克思写信给恩格斯说，他在第一国际总委员会上关于英国内阁对爱尔兰大赦的态度问题，讲了一点一刻钟的话，并提出以下的决议：

“议决，格兰斯顿先生在答复爱尔兰人要求释放被禁的爱尔兰爱国志士时——他的答复，是见于他写给乌西亚诸人的信中——是故意侮辱爱尔兰民族的。他提出一些条件，以妨害政治大赦之实行，他所提出的条件，对于恶劣政府底牺牲者，以及对于这些牺牲者所属的人民，都是侮辱的。格兰斯顿身居负责地位，竟当众热烈庆祝美国奴隶主人底叛乱，现在又向爱尔兰人民宣传消极服从的学说。他对于爱尔兰大赦问题的全部政策，就是‘侵掠政策’底真正表现，格兰斯顿在过去是以斥责这种政策，而把敌党（保守党）底内阁推翻的。国际工人联合会总委员会对于爱尔兰人民之如此勇敢坚决而高尚地进行要求大赦（转下页）

击格兰斯顿——这已在此地引起了人家的注意。这里亡命的煽动家，喜欢在离得老远的地方，攻击欧洲大陆的专制君主。这一类的事情，只是暴君在当前的时候，才会引起我的兴趣。

我关于这个爱尔兰大赦问题之发言，以及我再进一步向总委员会提议对英国工人阶级与爱尔兰之关系加以讨论并作一决议，除了大声为被压迫的爱尔兰人坚决反对他们的压迫者之外，当然是还有别的目的的。

我日益确信——唯一的问题是使英国工人阶级明了这个道理——英国工人阶级在将他们对爱尔兰所采取的政策很明确地从支配阶级底政策分离开来以前，在他们不只与爱尔兰人携手，并且实际发动解散一八〇一年所建立的联合[①]而代之以自由的联盟关系以前，他们在英国就不能有什么重大的进步。这是必须做的；这不只是对爱尔兰表同情之问题，而是为无产阶级利益的一个要求。如果没有这样做，英国的人民，就将依然受支配阶级所操纵，因为英国人民一定与支配阶级联合起来共同反对爱尔兰。在

（接上页）的运动，表示钦佩。本决议案应通知国际工人联合会各支部以及与它有联系的欧美各国一切工人团体。”

一八六九年十二月十日，马克思写道，他在第一国际总委员会上关于爱尔兰问题的报告，其要点将如下所述：

“英国工人阶级直接的绝对利益，要求他与爱尔兰断绝现有的关系，这完全与替爱尔兰主持公道的各种‘国际主义的’和‘人道主义的’空话无关，因为这在国际工人联合会的总委员会内都是视为当然的。这是我极深刻的信念，这个信念所根据的理由，有一部分我是不能向英国工人宣布的。我在许久时期内认为英国工人阶级得到政权，可以推倒爱尔兰所受的压制；我在《纽约论坛》（这是马克思所投稿的一份美国报纸）上总是发表这个观点。但是更深刻地研究了这个问题的时候，却使我相信相反的情形：英国工人阶级在未解脱爱尔兰以前，便不能有所成就……英国内部的英吉利反动势力，其根源就是在于爱尔兰之征服。”——译者补注

① 在一八〇一年，英国国会通过《联合法案》，废去爱尔兰国会，把爱尔兰变成完全附属于英国。——编辑部注

英国本国的每一次工人运动，都因为与爱尔兰人——爱尔兰人在英国工人阶级中占极重要的部分——分裂，以致没有力量。在英国解放底第一条件——即推翻英国的地主寡头政治——依然不可能实现，因为当它还保持其在爱尔兰的坚固前哨时，就不能撼动它在英国的地位。但是，一旦爱尔兰的事情由爱尔兰人民自己掌握，一旦他自己制定自己的法律和决定自己的统治者，一旦他成为自主的，那末废除地主贵族政治（爱尔兰的地主大部分也就是英国的地主）将比英国容易得多，因为在爱尔兰，这不只是一个单纯的经济的问题，而同时也是一个民族的问题，因为在爱尔兰的地主与英国的地主不同，在英国的地主是传统的贵族和国家的代表，但在爱尔兰的地主却是全民族所痛恨的压迫者。英国与爱尔兰现在的这种关系，不单是妨害了英国内部的社会发展，而且妨害了英国的外交政策，尤其是对俄和对美的外交政策。

因为英国工人阶级一般社会解放底天秤盘中，无疑是有着决定的重量，所以，这里就一定要使用杠杆。实在说起来，在克伦威尔统治下的英国共和国，是在爱尔兰触礁沉没的。① 不要再蹈覆辙！爱尔兰人选举“重罪犯人”卢沙（Odouau Rossa）② 为国会议员。这是对英国政府开了一个大

① 当英国资产阶级革命时，一六四一年爱尔兰发生暴动，结果爱尔兰有一大部分与英国完全断绝关系。克伦威尔到一六四九年才把这个暴动镇压下去。爱尔兰底“平定”，是以空前的残酷办到的：以大量没收爱尔兰人民底土地为结束，把没收的土地，赏给克伦威尔军队底士兵和军官；也以土地偿付军用品底供给者。这一切，使爱尔兰人变为英国共和国底反对者，变为英国革命最积极的反对力量。——编辑部注

② 卢沙是爱尔兰的政治家和新闻记者。一八六五年，他在都柏林创办了《爱尔兰人民》，是爱尔兰民族的革命团体“芬尼会”底机关报。他因为这份报纸带着革命倾向而被判处终身徒刑。在一八六九年，蒂帕累利的地方选举他为国会议员。政府宣布选举无效，但把他释放，他乃移居于美国。——编辑部注

玩笑。政府的机关报已恐吓说要重新废止《人身保护法》(*Hobeas Corpus Act*)[①]重新恢复“恐怖制度”。在事实上，当现在的这种关系存续着的时候，英国除了以最残暴的恐怖手段和最可恶的舞弊营私来统治爱尔兰之外，从没有以别的方法也不能以别的方法，来统治爱尔兰。

① 一六七九年，英国国会通过了《人身保护法》，规定逮捕时必须有逮捕命令，而且在短期间内必须解送法庭审判，否则释放。——编辑部注

三

马克思致迈尔与符格特的信

一八七〇年四月九日于伦敦

……我研究爱尔兰问题[①]多年之后，达到了这样的一个结论，即：不在英国，而只有在爱尔兰，才能给英国统治阶级以决定性的打击（这对于全世界的工人运动来说，也是决定性的）。在一八六九年十二月一日，总委员会发出了一张秘密的通告[②]谈到爱尔兰民族斗争与工人阶级解放之关系，因而谈到国际工人联合会对爱尔兰所应采取的态度。这通告是我用法文（因为对英国发生反响的，德文报纸并不重要，只有法文报纸才重要）写成的。我在这里很简单地把要点对你们说一说：

爱尔兰是英国地主贵族政治底堡垒。爱尔兰底剥削，不只是他们物质财富底主要来源，而且是他们最大的道德的力量。他们，在事实上，是代表着英国之统治爱尔兰。因此，爱尔兰是英国贵族政治借以维持其在英国

---

① 在一八五三年，马克思早已开始注意爱尔兰问题，他在《纽约论坛》发表了好几篇论文，论及英国对爱尔兰之剥削。恩格斯在他底第一部著作《英国工人阶级底状况》中，也已详细说及爱尔兰问题了。——编辑部注

② 马克思在一八六九年十一月六日的总委员会会议中把爱尔兰问题提到议事日程上。马克思将这个问题与鼓动大赦被禁的爱尔兰芬尼党人一同提出。这封信所提及的通告没有保存下来。——编辑部注

本国的统治之主要手段。

在另一方面，如果英国的军队和警察明天从爱尔兰撤退，爱尔兰立即就会发生农民革命。但是，在爱尔兰的英国贵族政治被推翻了，就使在英国的贵族政治也不得不崩溃，这就完成了英国无产阶级革命底前提条件。在爱尔兰破坏英国贵族政治，比在英国本国破坏贵族政治容易得多，因为土地问题一向就是爱尔兰社会问题底唯一形态，因为这个问题是爱尔兰绝大多数人民底生存问题、死活问题，而且因为这个问题也是与民族问题分不开的，更不必计算爱尔兰人底性格是富于感情的，是比英国人更富于革命性的这一点了。

至于资产阶级呢，他们与贵族有共同的利益，都要把爱尔兰变为只是一个牧场，以最廉价的肉类和羊毛供给英国市场，所以，他们是利于减少爱尔兰的人口，用没收土地和强制移民的方法把人口减少到这样的一个程度，使得英国资本（租地资本）能“安全”地在这个国度中发挥其机能。他们对于在爱尔兰的田庄清扫（即把农民从他们的土地赶出来——译者注），是与他们过去在英格兰和苏格兰底农业区域的田庄清扫，有同一样的利益。[①] 六千至一万金镑不在地主的收入和其他从爱尔兰来的收入中，现在每年流入伦敦，都同样是应该计及的。

但是，现代爱尔兰经济，对英国资产阶级还有更重要的利益。

由于租地不断增长集中，爱尔兰就把其不绝的过剩人口供给英国劳动市场，因而使英国工人阶级底工资以及其物质的和道德的地位不得不降低。

最重要的是英国每一个工业中心和商业中心，其工人阶级，现在都分

① 关于英格兰和苏格兰底农民阶级底土地没收过程，请阅《资本论》第一卷，第七编，《所谓原始集积》。——编辑部注

裂成两个敌对的阵营——英国无产阶级和爱尔兰无产阶级。英国的普通工人，仇恨爱尔兰工人，把爱尔兰工人当作抑低了他的生活程度的竞争者。对于爱尔兰工人，他觉得自己是统治民族底一员，因此，成为贵族和资本家对付爱尔兰之工具，这样就巩固了贵族和资本家对他自己的统治。他抱着歧视爱尔兰工人的、宗教的、社会的和民族的偏见。他对于爱尔兰工人的态度，与美国从前蓄奴的诸邦中"贫穷的白种人"[①]对于黑人所抱的态度是差不多一样的。爱尔兰人呢，他用自己的货币，连本带利地偿还英国工人。他视英国工人是在爱尔兰的英国统治底共犯者及其愚蠢的工具。

报纸、讲坛、漫画、杂志，简言之，统治阶级所能指挥的一切手段，都尽力使英国工人与爱尔兰工人之间的敌对没有消灭，反而更加厉害。英国工人阶级虽有组织，但没有力量，其秘密就在于英国工人与爱尔兰工人之敌对。资产阶级之所以能保持其权力，其秘密也在于此。资产阶级对此是知道的。

可是，祸害并不止于此。它还渡过大西洋。英国人和爱尔兰人之间的敌对，是美国与英国之间的敌对底隐伏的基础，[②]它使英、美两国底工人阶级，没有可能诚心真正合作。它使英、美两国底政府，能够在他们认为适宜的时候，以他们互相的威吓，如果必要时，就以两国间的战争，来减杀

---

① 这是指从前蓄奴的南部诸邦中的无产阶级和贫农。——编辑部注

② 英国在爱尔兰实行殖民地式的剥削，致使爱尔兰的村子完全贫乏化，农民如果不愿饿死于家乡，就一定要抛弃家乡而移居海外。在一八四六年，爱尔兰人口是八百万，到十九世纪末就降为四百五十万左右。在一八五一年到一九〇五年之间，爱尔兰人移居于美国的，为数不止四百万。他们构成美国人口——尤其是在美国工人阶级队伍中——很大的部分。他们还保持其对英国压迫者的一切仇恨。美国的资产阶级，容许爱尔兰革命谋叛的团体在美国成立组织，常常利用这种民族的仇恨，以对付美国内部的阶级斗争，也以此为武器来反对英国。——编辑部注

社会斗争底锐锋。

英国是资本底首都，一向统治着世界市场的就是英国。在目前，就工人革命来说，英国是最重要的一国；工人革命底物质条件已经成熟到一定程度的，只有英国。所以，促进英国底社会革命，是国际工人联合会底最重要的目的。促进英国社会革命之唯一手段，就是使爱尔兰独立。

所以，国际工人联合会底任务，就是随处都把英国、爱尔兰的冲突放在前面，并公开赞助爱尔兰，在伦敦的中央委员会底特殊任务，是要在英国工人阶级中唤起这样的一种意识，即，爱尔兰民族解放，对于他们，并不是一个抽象的正义或人类的同情之问题，而是他们自己的社会解放底第一条件。……

附　录

恩格斯致考茨基论殖民地的信[1]

一八八二年十一月十二日于伦敦

---

① 列宁在他的著作《关于民族自决问题的辩论底总结》中，分析恩格斯在这封信中讨论无产阶级夺取政权并建立无产阶级专政之后对于殖民地的人民应采取什么政策这个问题所说出的意见，而且把恩格斯底意见发挥起来。列宁说：

“恩格斯决不会以为单是‘经济的’要素就将直接把一切困难都扫除。经济的革命将使一切的民族都转向于社会主义。可是，同时，革命——反对社会主义国家的——与战争也是可能的。政治不可避免地要顺应着经济，但并不是立刻地、平滑地、简单地和直接地。恩格斯‘所确知的’，只是一个彻头彻尾国际主义的原则，他把这个原则应用于一切的‘外国民族’。这即是说，不单是应用于殖民地民族，——这个原则就是：把幸福强给外国民族，必把无产阶级底胜利葬送掉。

“无产阶级实行了社会革命，并不因此就变成神圣的和不易犯错误并且没有弱点的。但是，可能的错误（和自私自利——企图损人利己）将使他们不能避免地领会这个真理。

“我们齐美瓦德左派都确信，如在一九一四年还没有离弃马克思主义而转向去拥护沙文主义之前的考茨基所确信的，即：在最近的将来——或者，如考茨基所说的，‘今天明天’——社会革命是很可能发生的。民族的反感，不会很快就消灭：被压迫民族对于压迫民族之怨恨——这种怨恨是很正当的——将继续留存一个时间，只在社会主义胜利之后，只在最后建立起各民族间的完全民主的关系之后，才会消灭。如果我们想要忠实于社会主义，我们现在就要进行群众底国际主义的教育，但要在压迫民族中进行这种教育，如果不宣传被压迫民族有分离之自由，那就不可能了。”（《列宁全集》第十九卷）——编辑部注

……依照我底见解，本来的殖民地，这即是说，由欧洲的人民所占有的那些地方，如加拿大、好望角、澳大利亚，都将变成独立的；在另一方面，那些由土人居住着而只是被统治的地方，如印度、阿尔及利亚、荷兰领地、葡萄牙领地和西班牙领地，必须暂时由无产阶级接收过来，引导它尽可能地迅速完成独立。这个过程将怎样进展是很难说的。印度也许将发生革命。这实在是很有或然性的事，自己已争得解放的无产阶级，不能进行任何殖民地战争。因此，一定是容许印度的革命。印度革命时，当然是免不了有各色各样的破坏，但这一类的事情是与一切的革命都分离不开的。在别的地方，如阿尔及利亚和埃及，都可发生同样的事情。对于我们，这当然是最好的。在本国已有许多的事情够我们干了。欧洲先改组，然后北美，欧洲和北美就将产生非常巨大的力量，并将树立这样的一个先例，使得半文明的诸国，将自愿仿效。单是经济的需要，就会使这些半文明国这样做的。但是，这些国度要先经过什么社会阶段和政治阶段，然后才同样达到社会主义的组织，我以为我们在今日只能提出空洞的臆说。只有一件事情是确定的：胜利的无产阶级，不能把任何种幸福，强给任何外国。如果这样干，那就未有不把它自己的胜利葬送掉的。这当然不是连各种的防御战争也不许。……

马恩论俄国[①]

景 林 译·徐 冰 校

① 在研究土地问题中，马克思非常注意俄国的探讨，它的经济，它内部的阶级力量底对比以及俄国革命前途的分析。俄国使马克思和恩格斯发生了兴趣，因为它是在欧洲政治上起着显著作用的一个国家。反动的沙皇政府尽着欧洲底国际宪兵的作用。在马克思和恩格斯计算中的成熟着的俄国革命形势，开展着一个有强大威力的革命前途。所有这一切都推动他们对俄国开展特别仔细的研究。

“我为了要能够从专门知识上来判断俄国今日经济发展底根源，我学习了俄文并且长年地研究了与这些材料有关的官方的以及其他俄文的出版物。”（《马克思一八七七年底致“祖国拾零”》（编辑部）

恩格斯说马克思比任何人都认识与了解俄国。

马克思在他的信里再三地指出在俄国正在形成中的革命形势底高度发展以及俄国革命底国际意义。下面是关于这个问题的一些摘录。

“在俄国革命运动比在其他整个欧洲更向前开展——马克思在一八五九年十二月十三日写着——一方面是立宪运动的贵族反对沙皇，农民的立宪运动反对贵族……。下次革命到来的时候，希望俄国一同革命化。”（《马克思一八五九年十二月十三日致恩格斯》，《马恩全集》，德文版，三集二卷四四八页）（转下页）

（接上页）关于“下次革命”这里是指全欧洲的革命及世界革命。一八八二年一月在《共产党宣言》俄文译版底序言中马克思和恩格斯公开声明：俄国形成着欧洲革命运动底前驱。

马克思所说的革命不仅指俄国而言，这从他一八六三年二月十三日致恩格斯的信中可以看出，那儿写道：“你对于波兰的事件怎样？（指波兰的暴动——编辑部）革命底时代现在在欧洲又真正地展开了，这一点已是确切的。希望火山底烽焰这次从东方燃到西方来，而不是相反的，这样我们将会省去法国创机底‘荣誉’。”（《马恩全集》，德文版，三集二卷一二六页）马克思如何恰当地预言了俄国革命的具体条件，可以从他在刚刚爆发的普法战争底事变后所说的话中看出。在一八七〇年八月八日他写信给恩格斯说：

“正像拿破仑第三在一八六六年到一八七〇年所做的一样，俄国将与普鲁士欺诈，以便在土耳其方面得到让步，然而所有这些欺诈，虽然有霍亨楚伦底俄罗斯宗教，但是最后必将以欺诈者之间的战争为结束。”（《马恩全集》，德文版，三集四卷三五八页）在同年九月一日马克思写信给左尔格说：

“这次的战争同样必然地要引起德国与俄国的战争，正像一八六六年的战争引起了普鲁士与法兰西间的战争一样，这是普鲁士的蠢人们所看不到的。这是我对德国所希望的最好结局。这特有的‘普鲁士主义’除了与俄国联盟以及听命于俄国外，是从来没有其他形式存在过，也从不会以其他形式存在的。而这样一个第二号的战争在俄国将要成为不可免的社会革命底收生婆。”）

四十七年以后，马克思的这一预言完全实现了。在这一问题上马克思和恩格斯在他们的一些表现中曾有一个错误，即是他们把革命的时机估计早了。但是这个在革命开始问题上的错误并不妨碍对于形势底一般诊断，俄国革命底动力、性质以及它的国际意义的估计是完全正确的。

在这里我们发表一封马克思论俄国的信和恩格斯一八七五年反驳托卡秋夫的文章。——编辑部注

一

马克思致左尔格的信

一八七七年九月二十七日于伦敦

……这次事变[①]是欧洲历史底新转机。俄国——我从官方和非官方的俄文材料中研究了俄国底状况（官方材料只有少数人能够看到，可是我从彼得堡的朋友处得到了）——早已就站在革命底门槛上，一切因素都具备了。英勇的土耳其人经过他们不但给予了俄国军队（和俄国财政）并且给予了统帅军队的王朝（沙皇王位继承者和六个其他的罗曼诺夫皇族）的打击把爆发加速了几年。革命运动很技巧地从立宪底把戏开始，它将会发生好大的骚动呢。如果大自然母亲不是对我们特别不利，我们还能经历欢祝呢！俄国大学生们干的那些蠢事只是一个征兆，它本身是毫无价值的。但是它是一种征兆。俄国社会底一切阶层在经济上、道德上及知识上都处在完全的解体中。

这次，革命从东方开始了，那儿向来是反革命之不可击破的堡垒和后备军。

俾斯麦先生很有味道地旁观着这次的打击，但是它不应走得太远。太

① 指一八七七年俄土战争。——编辑部注

把俄国削弱了，它就不能像在普法战争中再把奥地利牵制[①]住！如果在那儿甚至发生了革命，那末，哪里还有霍亨楚伦王朝底最后保证呢？

在目前，一切都决定于波兰人（在波兰王国里）要屈服一下。在那边目前千万不要有暴动！不然，俾斯麦立刻就会加入干涉，而俄国的沙文主义又会站在沙皇方面去了。相反，如果波兰人安静地等待着，到彼得堡和莫斯科都燃烧起来，那末俾斯麦就会以救世主自居而加进来，那末，普鲁士就找到了——它的墨西哥[②]！

我向我所接触的在他们的同乡中有影响的波兰人再三再四地极力说明了这一点。

法国事变[③]比之东方的事变只是一个完全次要的事件。然而我们仍然希望资产阶级共和国得到胜利，或者是旧把戏又重新开始，没有一个民族能够屡次重复这种傻事的。

---

① 俄国在普法战争中不但对普鲁士守了中立，而且也强制奥地利与意大利守中立。——编辑部注

② 这是把拿破仑第三于一八六一——一八六三年对墨西哥的进攻为引论，他想借着向殖民地的冒险行动来巩固他的第二帝国之动摇的基础。起初由英国和西班牙参加的武装干涉，是意欲援助墨西哥的反革命势力，以反抗一八五七年在墨西哥创立的资产阶级共和国。

失败了的墨西哥冒险行动毁坏了法国、英国和美国间的关系，因此供给共和主义反对派以新的滋养。——编辑部注

③ 系指一八七七年法国政治斗争的尖锐化。五月十六日，法国底反动总统麦克马翁（Mac Mahon）违反着国会底意志，委任保皇党人德·布罗利组织内阁。他解散了反对派的议会，下令举行选举。选举举行于一八七七年十月，虽然有政府恐怖政策，但是选举结果共和主义者仍占多数。——编辑部注

二

俄国社会状况

恩格斯

以下的文章是在我和一位托卡秋夫先生一次论战的机会中写下来的。在一篇评论伦敦出版的俄文杂志《前进》的文章中（登在《人民国家》一八七四年第一一七及一一八期上）我附带地提及这位先生底名字，但是却惹起他的尊贵的敌视。托卡秋夫先生毫不犹豫地发表了一篇给《弗列德力克·恩格斯的公开信》（苏黎希一八七四年），在这封信里面，他说给了我许多奇怪的事情，以后针对我显著的无知，他就极力把他自己对于这些事物底真相和对于俄国社会革命前途的意见说了出来。这篇大作底形式以及内容都带着巴枯宁一般的印章。因为它是用德文发表的，所以我认为有在《人民国家》上面答复它一下的价值。（参看《亡命者文学》四号及五号，以及《人民国家》三十六期以下各期）。我底答辩中第一部分主要是叙述文化斗争中底巴枯宁方式，这种方式底内容就简单地在于给敌人披上一件直接造谣中伤的大衣。经过在《人民国家》上的刊登，这主要是个人方面的部分已经做足了。因此，在这里我删去了它，而在书店所希望的单行本中只留下第二部分，这一部分主要是研究从一八六一年以来，即从所谓农奴解放以来所形成的俄国社会状况。

俄国事物底发展对于德国工人阶级有着极大的重要性。现今的俄罗斯帝国形成了一切西欧反动之最后的支持者。这在一八四八年和一八四九年极确切地表现出来。因为德国在一八四八年错过了使波兰暴动和进行反对俄国沙皇战争的机会（如像《新莱茵报》自始至终所要求的），所以这同一的沙皇到一八四九年便能够把一直前进到维也纳大门口的匈牙利革命打击下去，到一八五〇年他又能在华沙裁判奥地利、普鲁士和德意志底各小国，并且把旧的联邦议会[①]恢复起来。还在几天以前——一八七五年五月初——俄国沙皇完全和二十五年以前一样在柏林受领了他的附从国底恭顺，证明它在今天也还是欧洲底裁判者。在现存的俄罗斯国家还存在着的时候，没有一个革命在西欧能够彻底胜利。可是，德国是它最近的邻国，俄国的反动军队第一个反击便会落在德国身上。因此，俄罗斯沙皇政权底颠覆，俄罗斯帝国底解体，是德国无产阶级最终胜利底主要条件之一。

虽然外来的战争能够大大地加速沙皇政权底颠覆，但是，这一颠覆绝不是非从外面引起不可的。在俄罗斯帝国内部的本身存在着有力地促使它灭亡的因素。

第一个因素便是波兰人。他们经过百年之久的压迫已经处在这样一种环境，或者他们起来革命，援助一切西方真正的革命暴动作为波兰解放的第一步，或者就只有灭亡。而目前他们正处在这样一个境况，他们只有在无产阶级阵营里能够找到他们西欧的同盟者。近一百年来，他们经常地被

---

① 一八四八年革命以后，普鲁士企图组织一个在它领导下的德意志各部底联盟。一八五〇年组成了包括十九邦的“普鲁士联盟”。俄罗斯和奥地利破坏了这一计划。一八五〇年十月在华沙，十一月在奥尔米茨，普鲁士在俄国沙皇底压力之下放弃了这一计划。以后经过许多战争普鲁士才得到了这一领导权。——编辑部注

西方一切资产阶级政党所出卖。在德国，一般地自一八四八年起才算数上了资产阶级，而从那时起，他们是经常敌视波兰的。在法国，一八一二年拿破仑出卖了波兰，而正因为这次出卖，他的远征、皇冠和帝国都失掉了；一八三〇年和一八四六年的资产阶级君主国，一八四八年的资产阶级共和国，克里木战争和一八六三年的第二帝国都踏了他的覆辙。谁都这样卑鄙地出卖了波兰。而今天法国激进的资产阶级共和派仍然还匍匐于沙皇前面，希望用一次对波兰的新出卖来换得一个反普鲁士的报复联盟，完全像德意志帝国底资产阶级把这同一沙皇当作欧洲和平底保护者，这就是说德、普合并底保护者来崇拜一样。波兰人再没有像在革命工人那里能找到忠实的无顾虑的支点了，因为两者对于共同敌人底颠覆有着同样利益，因为波兰底解放和这一颠覆有相同的意义。

然而，波兰人底活动是一种地域上的限制了。它被限制在波兰、立陶宛和小俄罗斯，而在俄罗斯帝国本来的核心，大俄罗斯，它底作用则等于零。四千万大俄罗斯人是一个太大的民族，而且经过了太特殊的发展，一种运动从外面不能强迫它们。但是这也是不必要的。实际上，俄国底人民大众，农民，已经好几世纪以来，就世世代代麻痹地生活在一种脱离历史的停滞之中。而唯一能够暂时中断这种荒漠状况的变动，便是个别的毫无效果的暴动，以及贵族与政府之新的压迫。经过农奴制度之再不能延迟的废止和封建徭役底解除——这是一种用极度狡猾的方式推行的制度，它使多数的农民以及贵族走向了必定的破产——俄国政府自己把这种脱离历史的状态结束了（一八六一年）。因此，俄国农民目前所处的环境自身把他们推进运动中去，这个运动当然还在刚刚形成中，但是它由于农民大众日渐恶化的经济状况会不停止地发展着。农民怨愤的不满，现在已经是政府以及一切不满意者和反对党所必须估计的事实了。

从这儿申引出，如果下面说到俄罗斯，那末不是指俄罗斯帝国全部，而是专门指大俄罗斯，这个区域最西的省份是普斯可夫和斯姆伦斯克，其最南省区是库尔斯克和弗洛内斯。

在这个题目上，托卡秋夫先生告诉德国工人，我在俄国问题上不但是“知识有限”，并且除了“无知”以外，一无所有，因此，他感觉到有向他们解释事情真相的必要，特别是要解释为什么目前在俄国比西欧还要容易得多地实行一个社会革命的理由。

> 在我们这儿，没有城市无产阶级，这固然是真的；正因为如此，我们也没有资产阶级……我们的工作只需要同政治的力量作斗争——资本底力量在我们这儿还只是在萌芽中。而你，我的先生，总能懂得，和前者斗争要比和后者斗争容易得多。

近代社会主义所期望的革命，简而言之，其目的就在达到无产阶级对资产阶级的胜利，经过一切阶级区分底消灭以建立新社会。这里面不但要有一个进行这一运动的无产阶级，而且还要有一个资产阶级，在资产阶级手里，社会生产力已经发展到能使阶级区分最终消灭的程度。在野蛮人与半野蛮人中间，通常也没有阶级区分，每个民族都经历过这种状况。重新建立这种状况我们是不能这样干的，因为随着社会生产力底发展，从这种状况中就必然出现了阶级区分。只有在社会生产力达到一定的甚至对于我们现代情况也还是一个很高的发展水平的时候，生产才能提到这种高度，使阶级区分底废除能够成为真正的进步而且能够持久，同时不致在社会的生产方式中引起一种停顿甚至退步。然而生产力是在资产阶级手里才达到了这样的发展水平。因此，从这一方面说来，资产阶级像无产阶级本身一样，是社会主义革命一个同样必要的前提。那末，有一个人说在一个国度里易于进行这种革命，因为这个国度里虽没有无产阶级，但也没有资产阶级，这只是证明了，他还需要学一学社会主义底ABC。

俄国工人——如托卡秋夫先生自己所说的，这些工人是“农村工人，因此，不是无产者，而是私有者”——是较为容易些，因为他们不需要和资本力量，而“只需要和政治力量做斗争”，和俄罗斯国家作斗争，而且这个国家“只有从远处显现为一种力量……它在人民底经济生活里没有根基；它自身不代表任何阶层底利益……在你们那边（指西欧——译者），国家不是表面的力量，它以两条腿支持在资本之上；它本身就是某种经济利益底化身……在我们这儿，这些情形恰好相反——我们底社会形态都要感谢国家，所谓悬在空中的国家，才有它的存在，这个国家和现存的社会秩序没有共同处，它底根基是在过去，而不是在现在”。

我们不必逗留在这些紊乱的想象上：好像是经济利益需要它们自己所创造的国家，以便保持一个化身，或者是停留在这种大胆的武断上，认为俄国社会形态（农民底公社财产制可是也属在内），要感谢国家才有它们底存在，或者是停留在这些矛盾上吧——说这个国家和现存的社会秩序，（现存社会秩序是这个国家自身的产物）没有共同处。最好，我们还是先看一看这个“悬在空中的国家”，这个不代表任何阶层利益的国家吧。

在欧俄农民占有一万万五百万俄亩土地，贵族（这儿我用此作为大地主的简称）占有一万万俄亩土地，其中大约有一半属于一万五千个贵族，依此，他们每人平均占有三万三千俄亩。农民底土地只比贵族的土地稍微大一点。由此看来，贵族对于俄罗斯国家的存在竟没有半点兴趣，而这个国家却保障他们占有半个国度。再者，农民用他们所有之半，每年缴纳一万九千五百万卢布的地税，贵族却只缴纳——一千三百万！并且，贵族底土地，平均都比农民底土地肥沃一倍，因为在赎买封建徭役的调解当中，国家从农民手中不但拿去了最多的，而且拿去了最好的土地送给贵族；并且农民为了这最坏的土地，还要付给贵族最好土地底价格。[1] 然而，俄国贵族对于俄罗斯国家底存在竟没有兴趣！

农民——从大多数来看——在赎买以后，陷入一种极端悲惨、完全不能忍受的境遇中了。不仅仅是人们从他们身上拿去了他们底土地之最大的和最好的部分，使农民土地在帝国底一切肥沃地区里——以俄国的耕作状况来说——都太小了，不够他们在那块土地上生活了。不仅仅是他们为了这块土地算了一笔过大的价格，这笔钱由国家先替他们垫付，现在他们必须给国家以重利，并逐渐偿还。不仅仅是土地税底全部负担几乎完全压在他们身上，而贵族就几乎完全不纳税——所以仅仅土地税已经吞食了农民土地全部的地租价值，而农民所必须缴纳的一切其他费用（关于这些费用，我们立刻便要谈到），便是相当于他们劳动工资的收入中直接扣除的一部分。不仅这样。不，在土地税、国家垫款底利息和还本以外，自重新施行的地方行政以来，还加上了省税与县税。这种“改良”之最主要的结果便是给农民加上了新的租税负担。国家保持着它的收入之全部，而把支出底大部分转嫁于省和县，于是省县便规定出新税，并且，在俄国照例是上等阶层几乎完全不纳税，而农民则几乎缴纳全部。

这样一种环境像是给高利贷者造成的，俄国人在对于下等经营，对于利用适当的生意机会以及对于和这些事分不开的欺诈行为上所特有的几乎无可比拟的天才上——彼得第一曾经说过，一个俄国人可以抵得过三个犹太人——是处处都少不了高利贷者的。当纳税的期限要到来时，高利贷者，富农——往往是本地区底一个富裕的农民——就来了，拿出他底现钱来。农民无论如何是要用这个钱的，他们没有怨言地接受高利贷者底条

① 在《人民国家》上，恩格斯底原文中这儿还有一句：“只有在波兰是例外，那儿的政府想破坏和它敌对的贵族而争取农民。”

件。这样，农民便更深地陷入困境中，他们就需要更多的现钱，到收获的时节，粮食商人来了，钱底需要迫得农民只得卖出他和他的家庭为糊口所必需的一部分粮食。粮食商人散布出谬误的压低价格的谣言来，给以很低的价钱，甚至往往付给以一部分价格奇昂的货品，因为在俄国物品偿付制度也是非常发达的。一如所看到的，俄国大量的粮食出口是完全直接建筑在农民大众底饥饿上面。另一种剥削农民的方法是这样的：一个投机家从政府那里长年地租赁官地，只要它不施肥料还能得到很好的收获的时候，他就自己耕种；后来他就把它分成许多小块，把这些已经榨吸尽了的土地以很高的租价分租给邻近靠着自己的一块份地不能生活的农民。正像上述英格兰的物品偿付制度，这儿我们又有了爱尔兰式的中间人。总而言之，没有任何一个国度像俄国这样，还在资产阶级社会之最原始的简略状态时，资本主义的寄生制度竟有这样发达，以致整个国度，整个人民群众全被它底网罗所包括与交织了。这个国家底法律和法庭都正保护他们暴虐的厚利的实际，一切这些农民榨取者对于俄国底存在竟没有兴趣吗？

圣彼得堡、莫斯科、奥得沙[①]的大资产阶级，他们近十年来由于铁路之发展非常迅速发展起来，而在近来冒险年头里滑稽地“一起破产”了；粮食、大麻、亚麻和脂肪类底出口商，他们的全部生意都建筑在农民底穷困上面；以及俄国的全部大工业，只有国家允诺给他们的保税关税才保障了他们的存在；难道人民中一切这些显著的而又迅速生长的分子对于俄罗斯国家底存在没有兴趣吗？更不必说那无数的官吏群，他们泛滥于全俄国，并且偷窃全国而在这儿造成了一个真正的阶层。如果现在托卡秋夫先生向我们保证说，俄罗斯的国家“在人民经济生活中没有根基，它本身不

① 现通译为敖德萨。

是任何阶层利益底化身”，它是“悬在空中的”，那末在我们看来，悬在空中的好像不是俄罗斯的国家，而是托卡秋夫先生。

农奴解放以来，俄国农民底状况已经是一种不能忍耐和不能持久的，现由于这个原因，革命在俄国已经在迫近了，这是很显然的。问题只是，这次革命底结局将是怎样的？托卡秋夫先生说，它将是一个社会的革命。这纯粹是一句同语之反复。每一个真正的革命都是社会的革命，它把新的阶级抬上了统治地位，允许这个阶级按照自己底图样改变社会。但是，他底意思是说，这次革命将是一个社会主义的革命，这次革命将要把西欧社会主义所努力祈求的社会形态，在我们在西方还未达到这一目的以前就实行到俄国去——而且还是在无产阶级和资产阶级只是散漫的以及处在低级发展阶段中的社会状态中。这应该是可能的，因为俄国人据说是社会主义天生的人民，因为他们有阿特尔制度和土地公有制。

托卡秋夫先生仅仅附带提到的阿特尔，我们在这儿也要讲一讲，因为，从赫尔森底时代起，就在一些俄国人中起了神秘的作用。阿特尔是一种在俄国很盛行的组合，它是自由组合中最简单的形式，像在游猎民族中有狩猎的形式一样。本字和字义都不是斯拉夫的，而是鞑靼的起源。这二者一方面在季尔基森、亚库特等民族中，另一方面在拉盆萨莫耶顿和其他芬兰民族中，都可以找到。所以阿特尔[①]最初发展于北部和东部，即在和芬兰人与鞑靼人接触的地方，而不发展于西南部。冷酷的气候使得各种的工业活动成为必要，这样，城市发展底以及资本底贫乏就尽可能地由组合的那种形式所补充了。——阿特尔之最显著的特征之一，在组合成员对抗第三者时彼此间连带一致的责任性，本来是建筑在血族关系之上的，如

---

① 关于阿特尔等，参看《关于俄国阿特尔材料的研究》，圣彼得堡一八七三年出版。——恩格斯原注

古代日耳曼人中的“合法资产”（gewere）、血族复仇等。——此外，阿特尔这个名词在俄国不仅用于每种合伙的行动上，并且用在每种合伙的机构上。在工人阿特尔里面，总是选出一个头目来（即所谓最长者），他执行会计、记账员以及一切必要的职务，并且领取一笔专门的薪俸。这种阿特尔在下列情形中实行：

一、在暂时的企业中，企业完成后，随即解散；

二、在同一职业底成员中，例如挑夫等；

三、在原有工业的、长期的企业中。

阿特尔是经过一次由全体组合成员署名的契约而建立的，如果这时这些成员不能凑足必要的资本，这是常常发生的事，例如在乳酪业中和在捕鱼业中（渔网、渔船等的资本），于是这个阿特尔便落在高利贷者手中，它以很高的利息垫出不敷之款，从这时起它便可以吞没最大部分的劳动收获品。可是，剥削得更无耻的却是另一种阿特尔，它当作整个的雇佣劳动人员雇佣给一个企业家。他们自己监督他们的产业活动，这样，便节省了资本家的管理费。后者（即指资本家——译者）赁给成员们小屋作住所，并且给他们垫出生活资料，而这里面又发展了那万恶的物品偿付制。在阿尔象介斯克省的伐木业和松油制造业中间，在西伯利亚的许多职业中间都是如此。（参看弗雷洛夫斯基著：《俄国工人阶级状况》一书，圣彼得堡，一八六九年出版）。像这些情形，阿特尔底作用可以说，一方面，只是为了大大便利资本家对于雇佣劳动者的剥削。另一方面，也有一种阿特尔，他们自己雇佣工人，而这些被雇佣的工人却正是这组合底成员。

这样看来，阿特尔是一种自然生长的，因而还是一种很不发达的协同组合，这样它绝不是专门俄罗斯的或专门斯拉夫的组合。这种组合，只要有需要存在时，什么地方都形成了的。例如，瑞士的奶酪业、英国的捕鱼业，这些组合都是种种不同的。在四十年代建造了那么多德国铁路的席勒西亚底修路工人（是德国人，而非波兰人），也完全是组织在阿特尔里面的。在俄国这种形式底优势固然证明了俄罗斯人民中存在着强大的联合动力，但是这还远不能证明他们用这种动力的帮助可以从阿特尔立刻跳到社会主义的社会秩序中去的能力。要想这样，首先需要这种阿特尔本身先成为能够发展的，去掉它那种自然生长的形态，如我们所看到的，那种自然生长的形态对工人是比对资本服务较少的，并且至少必须把自己提高到西欧协同组合底立场。然而，假使我们相信托卡秋夫先生一下（根据上面所说的，这当然是非常冒险的），那末，情形并非如此。相反，他用一种对于他的立场极端特殊的傲慢态度向我们说：

“关于那些按照德国模型不久以前搬运到俄国来的协同组合和信用组合，是被我们多数工人以完全漠然的态度来对待的，并且几乎到处是失败的。”

近代的协同组合至少证明了，它能按自己的打算有力地推行大工业（例如，兰卡夏的纺织业）。阿特尔不但至今还没有能力，并且，如果它不继续发展的话，它在大工业的场合下甚至会必然没落的。

俄国农民公社财产是一八四五年被普鲁士政府顾问哈克斯陶森发现了，当作一些完全奇怪的东西向全世界宣扬起来，虽然哈克斯陶森在他自己的故乡威斯伐伦也还能够充分找到这种公社财产底残余，但他们政府官吏的地位是有责任应该仔细地认识它们的。从哈克斯陶森那儿，赫尔森（Herzen）——他自己是一个俄国地主——学到了，他的农民是共同占有土地的，他抓住这个场合，把俄国农民描写作社会主义之真正的负担者，天生的共产主义者，和那些衰老的、腐朽的、先要人工地辛苦追求社会主义的西欧工人相反。这种认识从赫尔森传给了巴枯宁，又从巴枯宁传给了托卡秋夫先生，让我们听他说吧：

“我们的人民……在他的大多数中……是被公社财产底原则所贯穿着，他们是，如果允许这样措辞的话，本能的、传统的共产主义者。集体财产底观念和俄国人民底整个的世界观（俄国农民底世界究竟达到怎样程度，我们立刻可以看到）是这样深刻地连结在一起，现在政府开始感觉到，这种概念以一种‘有秩序的’社会底原则是不能达到的，于是想以这种原则底名义，把私人财产底概念深印入国民意识和国民生活中去，它只能借刺刀和皮鞭之助做到这一点。由此看来，很明显的，俄国人民，不管他们的愚昧无知，要比西欧人民，虽他们是受过教育的，更接近于社会主义。”

实际上土地底公社财产制是一种制度，这从印度到爱尔兰的一切印度日耳曼民族之低级发展阶段里以及在印度人影响下发展的马来人当中，例如在爪哇，都能找到。还远在一六〇八年，在新征服的爱尔兰北部，那地方合法成立的土地公有制，就被英国人当作借口，声明那些土地没有主人，而没收这种无主的土地作为皇家所有。在印度，直到今天还存在着公有财产底许多形式。在德国从前是普遍的；现在有些地方还存留的公社土地就是当年的遗迹，特别是在深山内常常还有公社土地明显的痕迹，公社土地底暂时的分配等。关于古代德意志有财产公有制之更明确的证明与详情，可以在毛瑞尔（Maurer）底各种著作中读到，那是在这一方面典型的作品。在西欧，包括波兰和小俄罗斯在内，这种财产公有制在社会发展底一定阶段上，成为农业生产底一种桎梏，一种阻碍，而渐渐被消灭了。在大俄罗斯（即是说在俄国本部），相反，它到今天还依然保存着，这首先得出了证明，这里农业生产和与它相适合的农业社会状况还是处在很不发达的阶段上，事实上也是如此。俄国底农民只在自己的公社里生活着与活动着；其余的整个世界只有和他这个公社接触的时候，对于他才是存在的。这种情况甚至是这样的，在俄文里米尔（Mir）这个词一方面是“世界”的意思，另一方面又解释作“农民公社”。全世界（Wes Mir）对于农民的就是公社社员底集会。因此，如果托卡秋夫先生说到俄国农民底“世界观”，那末，他是显然把俄文底米尔一词译错了。各个公社彼此间这种完全的隔绝（这种隔绝在全国内是统一的），恰恰是创立了公共利益底反面，是对于东方专制政体底自然基础，从印度到俄国，这种占优势的社会形态经常地产生了它，经常地在它里面得到了补充。不仅一般的俄罗斯国家甚至它底特殊形式——沙皇专制政体不是悬在空中的，而是俄国社会状况之必要的和逻辑的产物，根据托卡秋夫先生底意见，这种特殊形式是与社会状况“没有半点共同处”的！俄国之向着资产阶级方面的继续发展在这儿也渐渐地消灭了这种公社财产，而不需要俄国政府用“刺刀和皮鞭”。这特别是因为俄国底公社土地不是由农民共同耕种而再来分配生产品的，如像印度底一些地方还是这种情形一样；相反，土地不时地分配给各个家长，每人耕种他自己的一份地。因此，公社社员中间财富上很大的差别是可能的，而在事实上这种差别是存在的。差不多在他们当中，处处都有几个富裕的农民——有时是百万富豪——他们作为高利贷者，吸取农民大众底膏血。这谁也不如托卡秋夫先生知道得更清楚了。当着他欺骗德国工人说，只有用刺刀和皮鞭，才能驱除俄国农民——这些本能的、传统的共产主义者——底“集体财产的观念”的时候，在他的俄文小册子第十五页上，他却说：“在农民当中，从农民的与贵族的土地底购买者与租佃者中生长出一种高利贷者阶级（富农）——一种农民贵族。”这正是我们上面叙述过的，同类的吸血鬼。

给公社财产制度以最严重打击的，仍然是农奴底解放。贵族们分去了土地之最大的和最好的部分，给农民剩下的刚刚只够糊口或常常是不够糊口。同时，森林分给贵族了，以前农民可以在那儿自由采取作燃料用、作工具用和建筑用的木材，现在他必须用钱购买了。这样，农民现在只有他底房屋和一块光地，没有耕作的工具，并且平均没有使他和他的家庭从这一收获期维持到下一收获期的足够的土地。在这种情形之下，在租税和高利贷底压迫之下，土地底公社财产制已不是什么恩惠，而成了一种桎梏。农民时常从公社中逃跑，他们携带着或不带着家属，抛弃了他们的土地而去以流浪的工人谋生。①

我们看到公社财产制在俄国早已度过了它的繁荣时代，从各方面看来是已走向它的解体了。然而也不否认存在着一种可能性，它过渡到更高的社会形态，如果在各状况成熟之前这种社会形态还能保持着，如果它能表现出在这一方式内有发展的能力，即是说农民今后不再个别地，而是集体地耕作土地。② 俄国农民无须经过资产阶级的小财产制的中间阶段，而过渡到这种更高的形态。然而这只有这样才会实现，即是假如在西欧还在公社财产制全部解体以前就胜利地完成了无产阶级革命，而提供俄国农民为这一过渡所必需的前提条件，特别是也提供在他们整个土地制度中实行必要联系之改革所必需的物质前提。因此，如果托卡秋夫先生说，俄国农民虽然是“有产者”，但是却比西欧无财产的工人“更接近社会主义”，那末这些话只是纯粹的吹牛。完全相反。如果有什么东西还能挽救俄国的公社财

① 关于农民状况，参看《政府农业生产委员会底正式报告》（一八七三），此外参看斯卡尔丁著《在辽远的边疆与首都》，彼得堡一八七〇年出版；后一著作是自由的保守主义者所著。——恩格斯原注

② 在波兰，尤其是在格娄德诺省，贵族经过一八六三年的暴动，已大部崩溃了，农民现在经常购买与租赁贵族底土地，他们整块地作为集体产业来耕种。而这些农民几百年来就没有过公社财产，他们不是大俄罗斯人，而是波兰人、立陶宛人与白俄罗斯人。——恩格斯原注

产制，给它一个机会转变成为新的真正能够生活的形态，那末这便是西欧的无产阶级革命。

托卡秋夫先生把作政治革命如像作经济革命那么容易。他说，俄国人民对奴隶制度“不断的抗议”用“宗教派别底形态……抗税……强盗团（德国社会党之父是剥皮者，德国工人将会祝贺了）……放火……暴动……所以俄国人民可以称为本能的革命者”。因此，托卡秋夫先生便相信：“只是需要在许多地方同时唤醒那种在我们人民胸中沸腾着积累着的愤激与不满情感。”于是“革命力量底团结便可以自动地形成，斗争……便会以有利于人民底事业来缓和终结。实际的必要，自我保存底本能便会在抗争的公社之下完全自动地达到一种坚固的、不能分裂的联合”。

再不能想象一个比这样更容易更恣意的革命了。只要同时在三四处地方发动，于是，“本能的革命者”“实际的必要”“自我保存底本能”，便都“自动地”干起来。为什么在这样儿戏般的容易之下，革命还没有老早成功，人民得到了解放，把俄国变成了一个社会主义的模范地，这简直是无从了解的。

事实上完全是另外一个样。俄国人民，这些本能的革命者，固然有过无数次反对贵族反对个别官吏的个别的农民暴动，但是从来没有反对过沙皇，除非是一个假的沙皇自以为是而宣布登基的。卡捷琳娜[①]二世时代，末一次的大规模的农民暴动之所以成为可能，是因为蒲加秋夫诈称为女皇底丈夫彼得第三，据说他并未被他底妻子谋杀，而是被废去皇位幽禁起来，现在他逃了出来。恰恰相反，沙皇就是俄国农民底人间的上帝。上帝高，沙皇远，这是他们苦难的呼声。但是，特别是自从农奴解放以来，农

① 现通译为叶卡捷琳娜二世。

民大众已经陷入这样一种境遇，迫得他们渐渐反对政府和沙皇，这是毫无疑问的。可是，关于“本能的革命者”的神话，让托卡秋夫先生搬到别的地方去吧。

那末，即使俄国底农民大众是这样本能地革命的，即使我们假定，人们可以像定做一块描花的纸片或是一把茶壶一样地定做革命——就是这样，我还要问：一个十二岁以上的人是不是可以在上面所述的这样绝顶幼稚的方式内来想象革命底过程呢？并且，再想一想，这些东西还都是在第一次按照巴枯宁底模型所制作的革命——一八七三年在西班牙——显然地失败了以后写出来的！在那儿也是在好些地方同时干起来的。在那儿也估计到，实际的必要，自我保存底本能，将会自动地在各个抗争的公社间造成坚固的不可分裂的联系的。可是怎样呢？每个公社，每个城市只是自己保卫自己，根本谈不到互相援助，而巴未亚（Pavia）只用了三千个人，在十四天内就一个一个地把所有的城击破了，于是就终结了整个的无政府主义的美观。（参看拙著《巴枯宁主义者在工作中》，那书里面有详细的叙述。）

无疑地俄国处在革命底前夜。财政已经混乱到了极点，捐税底加重已经失去了效用，旧公债底利息要用新公债来偿付了，而每次的新公债都遇到更大的困难；只能在建造铁路的借口下弄钱了。行政机构已经彻头彻尾地腐败了，官吏们不是靠薪俸，而是更系统地靠偷窃、贿赂与敲诈来生活了。全部农业生产——这是对于俄国最主要的——由于一八六一年的农奴解放，完全弄得混乱了：大规模的土地占有没有足够的劳动力，农民们没有足够的土地，他们被捐税压死了，被高利贷者吮吸干了；农业收获一年比一年地减少。这一切都很吃力地，很勉强地，由东方专制制度结合在一起；这种专横是我们在西方简直想象不到的；这种专制制度不但和进步的各阶级底见解，尤其是和迅速生长的大都市资产阶级底见解，一天比一天更走向显然的矛盾；而且它现在的负担者自己已经迷误了，它今天向自由主义做了某些让步，而明天又把这些让步恐惧地收回了，这样就更加失去了自己的一切信用。同时，人民中那些集中在首都的进步阶层中有了一种增进的认识："这种情况是不会持久的，革命已经就在眼前了"，同时他们有着一种可以在一种安静的、立宪的床铺上领导革命的幻想。在这儿，革命底一切条件结合在一起了；这次革命由首都底上层阶级，甚至或者由政府自己来开始，由农民很快地超过第一个宪法的阶段继续向前推进；这种革命对于整个欧洲有着最高的重要性，因为它将把全欧洲反动势力之最后的、至今尚未被触动的预备军一下子打得粉碎。这次革命是一定要到来的。只有两种事件可以使它延缓下去：一种是侥幸战胜土耳其或奥地利，但是这需要有钱和有可靠的同盟；或者是——过早的暴动尝试把有产阶级又赶到政府底怀抱中去。

馬恩通信选集

柯柏年　艾思奇　景　林等譯

馬恩叢書 7
1939

馬恩叢書・第七種

馬恩通訊選集

何柏年、艾思奇、景林等譯

★

1939

馬恩叢書・第七種
馬恩通訊選集
譯者：柯柏年、艾思奇等
一九三九年六月出版
●實價國幣五角●

目　錄

爲無產階級政黨而鬥爭的書信

——柯柏年譯・徐冰校——

1

馬克思致恩格斯的信※

一八六四年十一月四日於倫敦

國際工人聯合會※※

不久以前，倫敦的工人爲了波蘭事件，致書巴黎的工人，要他們在此事件中採取共同行動。

巴黎工人派了代表到倫敦來，爲首者是工人託闊（To-

※ 馬克思不只是工人階級底偉大理論家，而且是世界共產黨底指導者與創始者。馬克思與恩格斯爲了無產階級黨底創造與團結，而進行頑强的鬥爭，歷數十年。一八八九年，恩格斯在致丹麥社會主義者特里爾(Trier)的一封信中，關於這種鬥爭寫過以下的話：『無產階級爲要在決定勝負的日子有充分的力量可以勝利，他必須建立一個特別的政黨，與一切其他的政黨分開，與他們相對立，這即是說建立一個有階級意識的階級政黨；——馬克思與我自從一八四七年以來，就抱着這種主張。』（恩格斯致特里爾的信，一八八九年，十二月，十八日）

一八四六年時，恩格斯便已經進行反對『眞實的社會主義』底小資產階級觀點的鬥爭；（參閱『共產黨宣言』中文本解放社版第四十九頁）他在巴黎的一個德國工人訓練班中，對於共產黨底任務曾有如

lain)。託蘭是在巴黎最近選舉時本來的工人候選者，是一位很和藹可親的人（他的同伴也都是很和藹可親的青年）。一八六四年九月二十八日，在聖馬丁堂（St.Martin Hall）舉行公開的大會；這個大會是由烏特格（Odger）（鞋匠，全倫敦工會聯合會底會長，又特別是與布萊特（ Bright ）有關係的

下的規定：一，與有產者利益相違反着，實現無產者的利益；二，以廢除私有財產與代之以財產共有制來實現之；三，除了暴力的民主革命外，不承認有其他實行此種意見的方法。（一八四六年十月二十三日恩格斯致馬克思的信，見『馬恩全集』，第三部，第一卷，第五十頁）

馬克思與恩格斯所進行的建立一個眞正的無產階級政黨的鬥爭，在他們底通信中反映得十分明顯。

列寧說：這通信集寫道，它包含着『無產階級基本目的之最深刻的了解，並依據着這些革命目的底觀點，對策略底某些任務之異常富有伸縮性的規定。對機會主義或對革命的空談毫不讓步』。（見『列寧全集』俄文版，第十七卷，第三十頁）

馬克思與恩格斯往來的書信，顯示出他們兩人五十年來在國際工人運動底隊伍間的不屈不撓的鬥爭。我們這裏所選印出來的他們的書信，只不過一些個別例子，例示馬克思與恩格斯兩人爲建立一個眞正的工人階級革命政黨，而對各式各樣的右的與『左的』機會主義進行徹底的、頑强的與熱烈的鬥爭。馬克思與恩格斯在他們致第三者的書信中所論及的一切本質上的問題，他們兩人的意見，是完全一致的。所以，恩格斯當馬克思在世時寫給柏克爾(Becker)、左爾格(Sorge)、倍倍爾(Bebel)、伯因斯坦(Bernstein)和別人的信，所發表的見解，是這兩位國際無產階級導師底共同見解。

** 這封信是討論第一國際——它『安下了無產者爲社會主義的、國際的鬥爭底基礎』。（列寧）——之創立，及第一國際底『創立宣言』是在什麼條件下寫成的。 ——編輯部註

『工會選舉權鼓動協會』底會長）與克雷麥（Cremer）（建築工人與建築工人工會底書記）所召集的。（這兩人，在布萊特指導之下，爲北美事件※召集工會大會開會於聖哲姆堂（St.James Hall），爲加里波的宣言(Garibaldi manifestations）也同樣召集大會）他們派勒路伯玆（Le Lubez）來見我，問我願否代表德國工人參加，特別是問我能否派一個德國工人到大會去演講。我派厄卡里亞斯（Eccarius）去，他演講得很好。我自己在講台上做一個啞角帮助他。我知道，在倫敦與巴黎這兩面，這一次出現了眞正的『勢力』，所以，我決定把我對這類邀請都加以拒絕的常規取消了……又決議於一八六五年召集工人大會於比利時※※。大會又任命下列諸人，組織一個臨時委員會：烏特格、克雷麥，還有別的好幾位——一部分是老的憲章運動者，一部分是老的歐文主義者等等——代表英國；烏爾佛、馮丹那（Fontana），和其他意大利人，代表意國；勒路伯玆諸人代表法國；厄卡里亞斯與我代表德國。大會授權與臨時委員會恣意選收會員。

（勒路伯玆是一個三十幾歲的法國青年，但他生長於澤稷與倫敦，英語說得極好，是法國工人與英國工人之很好的居間人。）（音樂教師與法文教師）

※ 這是指美國的內戰，工業的北部與擁有奴隸的南部之間的內戰（一八六一——六五年）。——編輯部註

※※ 第一國際底第一次大會，不是在一八六五年，而是在一八六六年舉行的；不是在比利時，而是在瑞士開會（日內瓦）。——編輯部註

會場的人，擁擠得透不過氣來（現在顯然表現出工人階級底再活躍）。在大會中，烏爾佛少佐（圖恩・塔西斯，加里波的底副官）代表着倫敦的意大利工人協會。大會決定創立國際工人聯合會，總委員會設於倫敦，爲德國、意國、法國和英國各國工人協會間的『媒介』。

到這裏爲止，情形是很好的。我出席了委員會底第一次會議。任命一個小委員會（我也在內），以起草原則宣言與臨時規約。我因爲身體不好，不克出席小委員會底會議，以及隨後的全體委員會底會議。

在我所沒有出席的兩次會議——小委員會底會議與隨後的全體委員會底會議——中，發生了下面這些事情：

烏爾佛少佐提出 意大利 工人協會 （它沒有一個中央組織，可是後來顯露出它在本質上是聯合的協濟會）底規約，以備新協會採用。我後來看到了那份規約，它顯然是馬志尼（Mazzini） 底著作， 所以，你已可知道它討論眞正的問題——工人問題——時，是抱着那種精神，用着那種辭句了，而且是怎樣把民族問題插進去的。

此外，又有一個老歐文主義者威斯頓——他自己現在是一個製造廠主，是一位非常可愛可敬的人物——起草了一個思想極紊亂而又冗長的綱領。

後來的總委員會會議，就委託小委員會去修改威斯頓底綱領與烏爾佛底規約。烏爾佛自己離開倫敦，往那波里出席意大利工人協會大會，以決定使它加入倫敦的中央聯合會。

另一次小委員會會議，我又沒有出席，因爲通知我開會

是通知得太遲了。在這次會議中，勒路伯玆提出了『原則宣言』與烏爾佛底規約底改作，由小委員會通過交付總委員會討論。總委員會於十月十八日開會。厄卡里亞斯寫信給我說，遲延就有危險。我於是赴會，當聆聽可敬的勒路伯玆誦讀一篇辭句修飾得太過、但寫得很不好、而又完全未成熟的序言——冒稱爲原則宣言時，我確爲之吃驚。那篇序言隨處都可發覺出馬志尼的思想，而其全部是披蓋着法國社會主義底最模糊的爛衣。此外意大利的規約是大體上被通過了，除了其他的一切錯誤之外，還企圖要建立一種在事實上完全不可能的歐洲工人階級底中央政府（站在這中央政府背後的，自然是馬志尼）。我提出很溫和的反對，經過了長時間的一來一往的討論，厄卡里亞斯提議小委員會應將此事再交給它底『起草委員會』修改。同時又表決通過了勒路伯玆底宣言所包含的『旨趣』。

二天之後，十月二十日，克雷麥（代表英國工人）、馮丹那（代表意國工人）與勒路伯玆在我家中開會（威斯頓不能出席），一直到現在，我還沒有拿到這些文件（烏爾佛與勒路伯玆的），所以事先不能有什麼準備；但堅決地確定，如果是可能的話，決不許原文有一行留存。爲要取得時間，我提議在我們『修改』之前，我們應先『討論』規約，照我這個提議實行。當大家對四十條規約底第一條得到同意時，已是午夜後一點鐘了。克雷麥就說（這正是我所期望的）：在十月二十五日委員會開會的時候，我們並沒有什麼東西可提出，我們必須把會期延到十一月。這樣，小委員會可以在

十月二十七日開會，努力求得一個確定的結果。這個提議通過了，『文件』就『留給』我研究。

我見到，從這些草案中是作不出什麼東西的。爲了辯解我整理這已經『通過的趣旨』所用的一種極特別的方式，我就寫了告工人階級書（An Address to The Working Class）（一種對於一八四五年以來工人階級底各種事件的回顧；這是原來計劃所無的），因而藉口說一切事實的東西都已經包括於告工人階級書，我們不應把同一的東西重複說三遍，就把序言全部更變，把原則宣言删去，最後又把四十條規約改爲十條。在告工人階級書中，論及國際政治時，我不說各民族，而說各國，我不申斥小國，而申斥俄國。我底建議，全部爲小委員會所通過。不過要我負責把『義務』與『權利』這兩個名詞採用入於規約底序言中，同樣地，也要採用『眞理、道德與正義』；但我把它們安插得不會發生什麼害處。……

要使我們的見解表現在爲工人運動底現在的立場所能接受的方式內；——這件事情是很困難的。這些人在幾個星期後，就會爲選舉權而與布萊特和柯勃登（Cobden）開會去了。要復醒了的工人運動容許言辭底老的勇敢性，是還需要時間的。內容強硬而形式溫和；這是必要的。東西一印出，我就送給您※。

※　參閱第一國際底『創立宣言』。　——編輯部註

2

馬克思致顧格曼的信

一八六五年二月二十三日於倫敦

我昨天接到你底非常有興味的信，現在我在各點上來回答你。

最先，我簡單說明我對拉薩爾的關係。在他從事實際鼓動時期，我們的關係是斷絕了：（一）因爲他自書自讚的吹法螺，同時他最無恥的剽竊我的著作等等；（二）因爲我非難他的政治策略；（三）因爲在他的鼓動以前，我已在倫敦這裏，對他很詳細解釋並『證明』了：『普魯士國家』底直接的社會主義的干與，是很荒謬的。在他寫給我的許多信（從一八四八至一八六三年）中，和在我們兩人親自會見中一樣，他總是聲明他是我所代表的那個黨底信徒，當他（於一八六二年末）在倫敦自己確知不能再對我玩弄他的詭計時，他就決定反對我，把舊時的黨僭稱爲『工人底獨裁者』。雖有這一切，就是在他的短促的生命底末年時他底鼓動對於我是兩面性的，我還是承認他的鼓動底功績。他底驟然的死，舊日的友情，哈茨斐爾德伯爵夫人寫來的悲哀的信，對於資

產階級報紙之憤懣（因爲資產階級報紙當他在世的時候對他非常懼怕，他死後却以卑怯的無禮對待他）——這一切使着我發表了一篇簡短的聲明，反對貧困的盲目，可是在這篇聲明中並沒有講到拉薩爾活動底內容。（哈茨斐爾德把這篇聲明送到北星發表）。

爲着同樣的理由，並希望能夠把我認爲危險的因素除去，恩格斯和我就答應寄稿給社會民主主義者（他發表了創立宣言底德譯文，當蒲魯東死時，由於編輯者的請求，我爲他寫了一篇關於蒲魯東的論文，在舒維澤（Schweitzer）把他的令人滿意的編輯工作計劃送給我們之後，我們就答應列名爲撰稿者。李卜克內西担任編輯部底非正式的編輯，對我們又多一層保證。

可是，不久，我們得到了證據，知道拉薩爾事實上叛變了黨※。拉薩爾與俾斯麥訂立正式的契約（自然，他手中是沒有什麼保證的）。在一八六四年九月末，他到漢堡去，在那裏（連同癲狂的斯拉姆與普魯士的警探麥爾）強迫俾斯麥合併什列斯威一好斯坦（Schleswig-Holstein）※※，這卽是

※　不久之後，舒維澤『繼續執行』拉薩爾底政策，擁護俾斯麥，已成爲顯明的事。因爲這個緣故，馬克思與恩格斯以及李卜克內西，都公開拒絕再投稿於『社會民主主義者』。——編輯部註

※※　什列斯威與好斯坦這兩個公國。已是通過一個個人聯合與丹麥聯繫着。普魯士企圖吞併這兩個公國。拉薩爾建議於俾斯麥對丹麥宣戰與合併什列斯威一好斯坦，他並且答應『以工人底名義』擁護俾斯麥此舉，如果俾斯麥答應施行普選制。——編輯部註

說，以『工人』底名義來宣佈這種合併等等。俾斯麥答應普遍選舉權與幾種冒牌社會主義的設施，作爲酬報。可惜，拉薩爾不能把喜劇演畢。他把他顯露爲一個非常滑稽的受愚弄的！一切企圖着使這種方式永遠不會再行發生。

拉薩爾陷入這個歧途，因爲他是密圭爾（Miquel）一型的『現實政治家』，只是規模比較大，目的比較遠（順便說一說，我對於密圭爾早就看得很清楚，我認爲他的得勢是由於國民聯合會（Nationalverein）※，對於這位渺小的漢諾威（Hanover）的律師是一個光彩的藉口，使全德國在它的四個區域以外都聽到他的言論，這樣提高了的『現實』，把他自己再反應到漢諾威內地，使他在『普魯士』保護之下扮演『漢諾威的』米拉波（Mirabeau））。一如密圭爾及其現在的朋拉住普魯士攝政親王所創始的新時代，以便使國民聯合會會員緊靠『普魯士的元首』，一如他們是一般地在普魯士保護之下發展着他們底『市民的自負心』；拉薩爾也這樣以烏可馬克（Uckermark）的腓力普第二（Philip II）來扮演無產階級底波莎侯爵（Marquis Posa），而俾斯麥則做他與普魯士王國之中間人。他不過是仿效着國民聯合會底先生們。雖然那些引起了有利於中等階級的普魯士的『反動』，拉薩爾是爲着無產階級的利益與俾斯麥握手。那些先生們的行爲，

※ 國民聯合會成立於一八五九年九月，是一部分普魯士資產階級底組織，宣傳日耳曼各邦——除奧大利之外——底統一，以普魯士為盟主。從這個國民聯合會，後來產生出大資產階級的國民自由黨；國民自由黨是俾斯麥政策底的主要擁護者之一。 ——編輯部註

是比拉薩爾更爲正當，因爲資產階級已慣於把在他眼前的利益視爲『現實者』，而且在事實上，這個階級到處都甚至對封建主義也已妥協，依事件底性質，勞動階級却是眞正革命的。

對於像拉薩爾那樣的戲劇似的自負的天性（可是他不是官職、市長職等等這一類的微末的廢物所能賄買的），是一個極有誘惑力的思想：一件直接爲着無產階級的利益而由拉薩爾執行的事業！他事實上對於這事業底眞實的經濟條件是太無知了，使他不能誠實地批判自己！在另一方面，卑劣的『現實政治』——使德國資產階級容忍一八四九至五九年的反動並對於人民底愚化旁觀的『現實政治』——使德國工人『墮落』了，要他們不歡迎這位答應幫助他們一躍就進入樂土的大言不慚的救主，是辦不到的啊！

前面中斷了的話頭，現在再拾起來吧。社會民主主義者才創立，年老的哈茨斐爾德就要執行拉薩爾底『遺囑』。她經過華格納（十字報的）與俾斯麥發生關係。她把工人協會（全德國的），社會民主主義者等等都交歸他處理。什列斯威一好斯坦之合併，將在社會民主主義者上宣佈，並一般承認俾斯麥爲保護者等等。這整個美妙的計劃失敗了，因爲我們有李卜克內西在柏林在社會民主主義者底編輯部。恩格斯與我對於社會民主主義者的編輯法，對於它之阿諛拉薩爾，對於它之不時向俾斯麥賣俏等等雖然都厭惡，但我們暫時還是要公開贊助這份報紙，使年老的哈茨斐爾德底陰謀失敗，並阻止工人黨底完全妥協，這自然是更爲重要的。因此，我

們要以良好的態度，去應付惡劣的工作，雖然我們時常私下寫信給社會民主主義者叫它對俾斯麥也要像對進步主義者一樣反對。我們甚至對高慢的妄人柏克爾——他對拉薩爾在遺囑中給他的重要性十分當眞——反對國際工人聯合會的陰謀，也加以容忍。

在這個時候，舒維澤在社會民主主義者所發表的論文，更加俾斯麥氣味了。我以前曾寫信給他說，在『結社問題』（Koalitionsfrage）上是能夠威嚇進步主義者的，而普魯士政府却永遠不會承認完全廢除結社條例（Koalitionsgesetze），因爲這會引起官僚主義之破壞，工人之開放，僱傭制度之毀滅，農村中貴族壓制之廢除等等，這一些，都是俾斯麥所決不容許的，而且，都是與普魯士的官僚主義的國家完全不相容的。我來補充說，如果議會把結社條例否決了，政府一定會借助詞令（如像『社會問題需要「更深刻的」步驟』這類的詞句），以維持它。這一切都證實了。舒維澤做什麼呢？他寫了一篇擁護俾斯麥的論文；把他所有的勇氣都節省來對付像舒爾茨（Schulze）、佛查（Faucher）等等這一類無限微小的人物。

我相信舒維澤等等是誠意地思量着，但他們是『現實政治家』。他們要順應着現存的情况，而不願把『現實政治』底特權讓給密圭爾這一派所獨享（密圭爾派好像是要保留着他們與政府相融合之權利）。他們知道工人報紙與工人運動，在普魯士（因而在德國的其他各地）之所以能存在，完全是靠着警察底恩寵。所以，他們承受原來的事態，而不願激怒

政府，正如我們的『共和主義的』現實政治家願意『容忍』一個荷享左倫王室的人物做皇帝一樣。

我既然不是一個『現實政治家』，覺得有與恩格斯共同簽名發表一封公開聲明書宣佈與社會民主主義者斷絕一切關係之必要（這封公開聲明書你不久就可在這份或那份報紙看到的）。你同時也將了解爲什麼目前我在普魯士已不能有所作爲。那裏的政府直接拒絕恢復我在普魯士的公民權。在那裏只容許我在俾斯麥所合意的形式內從事鼓動。

我在這裏百倍地通過國際工人聯合會從事鼓動。國際工人聯合會對英國無產階級的影響是直接的，而且是有最高的重要性。現在我們在這裏從事鼓動普選權的問題，這個問題在這裏與在普魯士有完全不同的意義。

就整個來說，國際工人聯合會底進步，在這裏，巴黎、比利時、瑞士和意大利，全超出預料之外。只是在德國，拉薩爾底後繼者自然反對着我，第一，他們愚蠢地怕失去他們的重要性，第二，是他們知道我是斷然地反對德國人所稱爲『現實政治』的（使德國比所有的文明國落後這麼遠的，正是這一類的『現實』）。

既然是每個人只要付出一個先令買會員證就算是聯合會底會員；既然是法國人（比利時人也同樣）採擇這種個人會員底形式，因爲法律禁止他們以團體來加入我們的聯合會；既然在德國的情形也是相同，我現在就決定要求在這裏的和在德國的朋友們，不論他們在什麼地方，都組織小團體——會員人數之多少是沒有關係的 —— 每人都買一張英國會員

證。英國的團體既然是公開的，連在法國這樣進行也不遭受什麼阻礙。 如果您也在鄰近的地方用這樣的方法與倫敦聯絡，我是很高興的。

3

馬克思致顧格曼的信

一八六六年十月九日於倫敦

……我對於在日內瓦的第一次大會※，曾經十分担心。可是，就整個來說，超過我的預期，結果良好。在法國、英國，和美國的影響是出乎預想之外。我不能，也不願到日內瓦去，但寫了倫敦代表團底綱領。我故意把綱領只限於容許工人直接和協與共同行動，以及直接給予階級鬥爭底需要和工人組織成爲階級之需要以養料與推動的幾點。

巴黎的先生們腦子充滿着最空洞的蒲魯東主義的文句。他們空談着科學，實則一無所知。他們輕蔑一切的革命的行動——即是，從階級鬥爭本身所發生的行動，一切集中的社會運動，因而一切以政治方法（如，在法律上規定工作時間

※ 第一國際底第一次大會，是在一八六六年開會於日內瓦，討論第一國際底規約和組織，工會問題，合作社問題，以及許多別的問題。主要依靠於法國代表特別是巴黎代表們的蒲魯東信徒們在大會上有着大的影響。 ——編輯部註

底縮短）來實現的運動。借着自由底口實，借着反政府主義或反強權個人主義底口實——這些先生們在十六年來，泰然地忍受了最悲慘的專制主義，而現在還忍受着呢！※——他們在實際上是宣傳着正規的資產階級的經濟，不過是把它蒲魯東式地理想化罷了！蒲魯東惹起了極大的禍害。他的對空想主義者之似是而非的批判與似是而非的反對（他自己是一個庸俗的空想家，可是在傅立葉、歐文等人底空想中，却有一個新的世界之預見與相像的描寫），最先吸引並誘惑『優秀的青年』、學生，後來又吸引並誘惑工人，尤其是巴黎的工人，這些奢侈工人，緊附着於舊垃圾，而不自知。他們是無學識的、虛浮的、傲慢的、空談的、誇張的、自負的，已到了將要敗壞一切的地步，因爲他們赴會的人數完全不合乎他們的會員人數的比例。我將在報告中隱蔽地打擊他們。

同時在巴爾提摩開會的美國工人大會，給了我大的喜悅。那裏的口號是：『組織起來，以進行反對資本的鬥爭。』可注意的是，我爲日內瓦大會所提出的那些要求之大部分，在那裏同樣由工人底正確本能提出來了。

這裏的由我們的中央委員會——我在裏面是進行了好的工作——所喚起的改良運動，現已達到很廣大的和不能抗禦的範圍了※※。我始終是在幕後。現在既已在進行着，我也

※ 路易滂拿泊（Lonis bouakarte）政變後的十六年。（參看『拿破崙第三政變記』）——編輯部註

就用不着再掛慮它了。

＊＊ 英國的工會，與第一國際底中央委員會合作，發展了一八六六年至六七年的廣大的改革選舉制度的運動（擴大選舉權，使更廣泛的工人與人民中的較貧的階層都有選舉權）。——編輯部註

4

馬克思致恩格斯的信

一九六七年九月十一日於倫敦

……在下次的布魯塞大會※上，我將親自對那些蒲魯東派底蠢才們給以最後的打擊。我曾用外交的方式來處理了整個事件，而且，在我的書還沒有出版與我們的國際工人聯合會還沒有鞏固以前，我不願親自出面。再者，在總委員會底報告中，我將鞭打他們一頓（這些巴黎空談家雖然極力反對可是阻止不了我們的再當選）※※。

在這個時候，我們的國際工人聯合會有了很大的進步。卑汚的星報，它以前企圖完全抹殺我們，昨天却在一篇社論中說我們是比和平會議還要重要。舒爾茨·德里茲(Schulze-Delitzsch)並不能阻止他的柏林的『工人協會』加入我們的國

※ 第一國際底布魯塞會議，開會於一八六八年。馬克思沒有出席那次大會，但他領導着它底準備工作。——編輯部註

※※ 馬克思是指在一八六七年九月第一國際底洛桑大會中的總委員會的選舉。在此大會上馬克思又被選入總委員會。——編輯部註

際工人聯合會。英國工會主義者中的猪狗們，以前我們對於他們『太遠』，現在却跑步走向我們這裏了。除了法國信使(Courier Francais)之外，紀蘭丁(Girandin)底自由，(Liberte)世紀(Siecle)，世界(Mode)法國新聞(Gazette de France)這些報紙，都登載着我們大會底消息。事態是在進展着的。在下次的革命(它也許比它所表露還要近些)時，我們(即是你與我)握有着這一架強有力的機器在我們手裏。將這來與馬志尼等在近三十年來的活動底效果比比看！而且，沒有金錢工具與巴黎的蒲魯東派，意大利的馬志尼，倫敦的嫉妬的烏特格、克雷麥、普德(Potter)諸人底陰謀比比看，與德國的舒爾茨・德黑茲派和拉薩爾派比比看！我們大可以滿足呢！

5

馬克思致恩格斯的信

一八六九年三月五日於倫敦

……巴枯寧（Bakunin）想：如果我們承認他底急進綱領（Programme radical），他對此能大加宣傳，就可與我們——儘管是這樣少——妥協※。如果我們聲明反對他底急進綱領，他就詆譭我們爲反革命者。此外，如果我們容認他們，他就準備在巴塞爾大會上以幾個流氓來幫助。我以爲應當在這個路線中來回答：

根據規約第一條，『抱着同一的目的，卽工人階級底保護、進步與完全的解放』的工人團體都得加入。

※　這封信是討論第一國際總委員會與巴枯寧派之間的談判。巴枯寧是一個無政府主義者。巴枯寧派加入第一國際時，還保持着他們的祕密組織『社會民主主義聯盟』（『Alliance de la democratie socialiste』）。他們進行着猛烈的派別鬥爭，反對在馬克思領導下的總委員會。他們特別劇烈反對承認工人階級有進行政治鬥爭之必要，反對在第一國際隊伍中的中央集權與紀律。在一八七二年，巴枯寧被開除出第一國際。——編輯部註

因爲在同一國內，各工人支部底發展階段，以及各國工人階級底發展階段必然地極不相同，因此，現實的運動，必然是表現於相差很大的理論形態中。

國際工人聯合會所產生的共同行動，通過各國支部底各機關之交換思想，最後，在大會上的直接的討論，將逐步創造出一般的工人運動之共通的理論綱領。

所以關於『同盟』底綱領，總委員會不必將它提付精密的審查。總委員會不用研究它是不是工人運動底適當的科學的表現；而只要問綱領底一般的目的是否不與國際工人聯合會底一般的目的——工人階級底完全解放——相矛盾就得啦！

這樣的非難，只適用於綱領第二條中的一句：『它最先是要各階級底政治的、經濟的與社會的平等化。』『各階級底平等化』，照字面上的解釋，就不過是資產階級的社會主義者所宣傳的『資本與勞動的協調』之另一說法。國際工人聯合會努力的最後目標並不是那在邏輯上不可能的『階級底平等』，而是那在歷史上爲必然的『階級底廢除』。但從那句話在綱領中的前前後後的關係看來，不過是一個筆誤。所以總委員會將這句可以引起嚴重的誤解的話，從綱領中刪去，是沒有遲疑的。

以此爲前提，那末，讓每一個支部對它自己的綱領負責，是與國際工人聯合會底原則相符合的。所以沒有什麼東西妨礙着把『同盟』底諸支部轉變成爲國際工人聯合會底支部。

這事一經實現，新加入的支部之按照國籍、住所，與數目的統計，就應按照規則送到總委員會來。……

6

馬克思致波爾德的信

一八七一年十一月二十九日於倫敦

……國際工人聯合會已建立起來，以便以工人階級底眞實的鬥爭組織來代替社會主義的或半社會主義的宗派。這只要看最初的規約與創立宣言，就可一目瞭然。另一方面，如果歷史底進程不是已經把宗派主義打得粉碎了，國際工人聯合會也就不能保持。社會主義的宗派主義底發展與眞實的工人運動底發展常爲反比例。當宗派還是（歷史地）正當的時候，工人階級就還沒有成熟到可進行獨立的歷史的運動。工人階級一朝達到成熟，所有的宗派在本質上就都是反動的。歷史在各處所顯示的在國際工人聯合會底歷史中也重復着。陳腐的東西企圖在新獲得的形態之內，重新恢復並保持着。

有許多宗派與好事者底實驗企圖在國際工人聯合會內保持其地位，反對工人階級底眞實的運動；國際工人聯合會底歷史，就是總委員會對於它們的不斷的鬥爭。這種鬥爭在大會中進行；但在總委員會與各個宗派個別討論中進行的，還要多得許多。

在巴黎，因爲蒲魯東主義者（互助主義者）※是國際工人聯合會底共同建立者，在最初的數年間，自然握有那個地方的指導權。後來，自然有集產主義派、實證主義派等等集團成立起來，與他們相對峙。

在德國是拉薩爾派。我自己與惡名昭著的舒維澤通信了二年；在這些通信中，我對他無可辯駁地證明了拉薩爾底組織只是宗派組織，與國際工人聯合會所期求的眞正工人運動底組織是不相容的。他不理解此事，自有他的『理由』。

一八六八年末，俄國人巴枯寧加入國際工人聯合會，他抱着一個目的，要在國際工人聯合會內造成一個以他爲領袖的第二國際，命名爲『社會民主主義同盟』，他——一個沒有任何理論知識的人——要求在那個特殊團體內代表國際工人聯合會底科學宣傳，而同時在國際工人聯合會內作爲這個第二個國際底特殊職務。

他的綱領，是膚淺地採取左派與右派一些東西而成的混雜物——階級底平等（！）；財產繼承權底廢除作爲社會運動底出發點（聖西門底謬論）；無神主義作爲會員都必須遵守的教義等等；而主要的教義（蒲魯東主義的教義）是逃避政治運動。

這本兒童入門書，在意大利與西班牙（那裏的工人運動

※ 蒲魯東主義者自稱爲互助主義者；這個名稱是從Mutuel（相互的）這個字出來的；蒲魯東主義者提出『互助』底口號。

——編輯部註

底現實的條件還不大發展）受到了歡迎，並且還有相當的立足地，而在說法語的瑞士與在比利時也有少數的虛榮的、野心的、空虛的理論家，歡迎着它。

教義（他從蒲魯東、聖西門等等所採取來的一堆廢物）對於巴枯寧是一種次要的東西——不過是達到他的個人主張之手段。如果他在理論上是等於零，他做一個陰謀家却是擅長的。

總委員會與這種陰謀（這陰謀是得到了法國的蒲魯東主義者——尤其是法國南部的蒲魯東主義者——之某種程度的支持）鬥爭了許多年。最後，總委員會由大會底決議第一之（二）與（三）項，第九，第十六與第十七，給它一個準備了好久的打擊※。

總委員會在歐洲所反對的，在美洲也顯然不會擁護的。決議第一之（二）與（三）項和第九，現在給了紐約委員會以合法的武器，以終結一切的宗派與好事者集團，必要時可將他們開除。……

工人階級底政治運動，當然是以奪取政權爲其最終目的。爲此，工人階級之一種從經濟鬥爭自身中生長出來而已

※ 馬克思是指第一國際底倫敦大會（一八七一年九月）而言。這次大會是特別討論工人階級底政治組織之問題。馬克思說到的決議，是關涉下列的問題：第一之（二）與（三）項，國際工人聯合會之鞏固，總委員會底中央集權與領導作用之加强；第九，無產階級底獨立的政黨之必要，政治鬥爭與經濟鬥爭最密切的結合之必要；第十六與第十七，巴枯寧主義的小組織（『社會民主主義同盟』）之取消。

——編輯部註

發展到一定程度的以前的組織自然是必要的。

可是，別一方面，每一個運動，在這兒工人階級是作爲一個階級去與統治階級相對立並企圖從外部以壓力強制他們，都是一個政治運動。例如：在某一個別工廠，或某一作坊中，以罷工等等強制個別資本家把工作時間縮短；這是一個純粹的經濟運動；反之，這運動如果是要以強力爭取八小時制等等的法律，那就是政治運動。在這個方式下到處都是從工人底個別的經濟運動中生長出政治的運動，這卽是說，階級底運動，以便在一般的形態（具有一般的社會的強制力之形態）中實現它底利益。如果這些運動是以某種從前的組織爲前提的，那末，這些運動之本身也同樣是促進這個組織發展之手段。

在工人階級於組織上還沒有進步到能與集體權力——卽統治階級底政治權力——作決戰的地方，不論如何，必須經過不斷的鼓動以反對統治階級底政治，對統治階級底政治採取敵視的態度，以訓練工人階級。否則，工人階級將依然爲統治階級所玩弄；法國九月革命，就證明此點，格蘭斯頓一派在英國到現在還在玩弄得很成功的把戲在一定程度內也證明了此點※。

※ 關於法國一八七〇年九月四日的革命，參閱『法蘭西內戰』。馬克思所說的『格蘭斯頓底把戲』，是指格蘭斯頓所領導的資產階級黨與自由黨員對於工會領袖之影響。——編輯部註

7

恩格斯致顧諾的信

一八七二年一月二十四日

……巴枯寧直到一八六八年一向是陰謀反對國際工人聯合會的，到了他在伯恩和平會議※大失敗之後，他加入了國際工人聯合會，但立卽又在國際工人聯合會內部陰謀反對總委員會。巴枯寧有他的獨有的理論——蒲魯東主義與共產主義底混雜物，而對於第一個的主要點是，他不把資本，因而不把由社會的發展所發生的資本家與工資勞動者之階級對立，視爲應廢除的主要弊害，而反以爲國家是主要弊害。社會民主主義工人底廣大羣衆，抱着與我們相同的見解，認爲國家政權不過是統治階級——地主與資本家——所造出的組織，以保護他們底社會的特權；巴枯寧却主張謂國家創造出資本，資本家只是由於國家底恩澤得到他的資本。因爲國家是主要弊害，一定要首先把國家廢除，然後資本自己就會滅

※　資產階級的政治的和平聯盟，在一八六八年九月開大會於伯恩。巴枯寧參加那個大會。——編輯部註

亡。反之，我們主張說：廢除資本，卽廢除全部生產手段之爲少數人所佔有，然後國家自己就會滅亡。這個差別，是本質上的差別：不先有社會革命而要廢除國家，這是胡說；資本底廢除，其本身就是社會革命，並包含着生產方法全部之變更。可是因爲巴枯寧以爲國家是主要弊害，凡能維持任何國家（不論是共和國，君主國，或其他）底存在的行爲，都不應作。所以，完全逃避一切的政治。幹政治的行動，尤其是參加選舉，那就是背叛了原則。應該從事宣傳，咒罵國家，進行組織，當所有的工人都信從時，這卽是說，已取得大多數時，就罷免一切官吏，廢除國家，而以國際工人聯合會底組織代替之。這個偉大的行動——千年王國便是以此開始的——稱爲社會的清算。

這一切，似乎是極急進的，而且是簡單到五分鐘就能記熟；所以這種巴枯寧學說在西班牙與意大利的青年律師、醫生與別的理論家之中，很快地受到歡迎。但是，工人羣衆決不會相信他們自己國內的公共事務，並不就是他們自己的事務；他們在本性上就是政治的，誰要欺瞞他們說他們應該放棄政治，結局他們會使他停止的。宣傳叫工人不論在什麼情况之下都不可參加政治，就是驅工人入於僧侶或資產階級共和主義者之手。

因爲據巴枯寧底意見，國際工人聯合會並不是爲政治鬥爭而建立的，爲要使它在社會的清算實現之後，就可立卽以它代替舊有的國家組織，這樣它就必須盡可能地接近於巴枯寧底未來社會的理想。在這個未來社會中，最重要的，就是

沒有『權力』，因爲權力等於國家，等於絕對禍害。（怎樣經營一個工廠，怎樣管理一條鐵路，或者怎樣開駛一隻船，如果沒有一個最後的決定的意志，沒有一個統一的指導，他們自然是沒有告訴我們的）多數者對於少數者的權力也應停止的。每一個人，每一個市鎮，都是自治的。但是，一個社會，就使是只由二個人組成的，如果各人都不放棄他底自治權底一小部分，怎樣可能組成社會呢？巴枯寧對這個問題，又是默無一言。國際工人聯合會也一定要依照這個模型修改：每一支部，支部中的每一個人，都是自治的。該死的巴塞爾決議案※，它把有害的甚至使其墮落的權力，給予總委員會。即使這種權力是自由讓與的，也必須停止，因爲它是權力。

你在這兒便簡短地看到了欺騙者底主要點。……

※　恩克斯所指的，是國際工人聯合會巴塞爾大會（一八六九年九月）底決議，這些決議擴大了總委員會底權限。巴枯寧主義者進行一個猛烈的運動，要把這些決議取消。　——編輯部註

8

恩格斯致倍倍爾的信

一八七三年六月二十日於倫敦

……不要被『團結』的叫喊迷惑住。那些在口頭上最常說『團結』的，就是那些最會引起分離的人，正如現在瑞士的傑拉·巴枯寧主義者（『Jurabakunisten』），一切分裂底創始者， 但他們嘴裏所叫喊的再沒有比『團結』二字更多的了。這些團結狂熱者，或者是愚人，他們要把所有一切都攪在一種曖昧的粥裏，只是靜坐着，便可以重行恢復更尖銳的對立中的區別，因爲它們現在是攪在一個鍋裏（在德國那些宣傳工人與小資產階級相協調的人中便是最好的例證）——或者是有意識地或無意識地（如米爾伯格）僞造運動。因此最大的宗派主義者，與最大的吵鬧者和惡棍，在某種情形下是最響亮的叫喊團結者。在我們一生中，沒有什麼人比這些團結叫喊者給予我們更多的麻煩與詭計的。

每一個黨的指導自然都是期望成功；這也是極好的。但是，有些場合，我們必須有勇氣犧牲暫時的成功，以求取更重要的東西。尤其是像我們的這樣的政黨，其最後的勝利是

這樣的絕對確定，在我們一生中親眼看見它有這樣巨大的發展，暫時的成功決非總是絕對必要的。例如，國際工人聯合會在巴黎公社之後有巨大的成功。嚇慌的資產階級，以爲它是全能的。極大多數的會員以爲這樣的情形會永久繼續下去。我們却深知泡沫一定要爆裂的。一切的歹人都依附它。在它內部的宗派主義者，開始繁盛起來並濫用國際工人聯合會，希望人家會容許其最愚蠢的與卑劣的行爲。我們並不容許。我們深知泡沫總有一天要爆裂的，因此，我們所努力的，並不在於使破裂延緩，而是在於使國際工人聯合會一經過了這個破裂後能夠成爲潔白無垢的。泡沫在海牙大會爆裂了，你知道，大會會員大多數懷着失望的心情回去。可是，這些幻想着在國際工人聯合會中一定可以找到普遍的友愛與協調底理想而現在已告失望的人，他們回歸本國，差不多全都從事比在海牙大會所爆發的還要更劇痛的爭吵呢！現在，宗派主義的爭吵家宣傳着協調，並詆譭我們爲量窄者和獨裁者。如果我們在海牙大會中採取調和的態度，如果我們把分裂之爆發隱飾起——會得到什麼結果呢？宗派主義者，尤其是巴枯寧主義者，就會得到一年的長時間，藉着國際工人聯合會底名義，幹更重大的、愚蠢的與卑污的事；最進步的國家中的工人，就會厭惡而離去了；泡沫便不爆裂，但已被針刺傷，定然會徐徐瓦解；而下次大會還是免不了爆發危機，變成爲最卑鄙的人們底醜史，因爲在海牙大會中早已把原則犧牲了。那末，國際工人聯合會當然滅亡了——因『團結』而滅亡了！然而我們現在已榮譽地把腐敗分子排除出去——

列席於上次重要會議之公社會員說，沒有一次公社會議如像這一次對歐洲無產階級底叛徒的裁判會議，給了他們這麼可怕的印象——我們讓他們在十個月中用他們的全部力量從事於說謊、中傷、陰謀——而他們在那裏呢？他們，國際工人聯合會底多數者底所謂代表，現在聲稱他們不敢出席下次大會（詳見與這封信一同送往人民國家報的一篇論文）。如果我們再作一次的話，就大體來說，是不會有什麼不同的——策略上的錯誤自然是常犯的。

不論如何，我相信：拉薩爾派中的幹練分子，經過了一個時間，自己會歸向您，所以，在果子還沒有成熟時就要摘取下來，如團結論者所想的那樣，是不聰明的。

此外，年老的黑格爾已經說過：一個政黨發生分裂，並經得起分裂——這保證它是一個勝利的政黨。無產階級底運動，必然要經過種種的發展階段；在每一個階段都有一部分人落後，不再跟着前進。……

9

恩格斯致左爾格的信

一八七四年九月十二日於倫敦

……跟着您的辭職，舊的國際就完全結束了。這是好的。它是屬於第二帝國（Zweiten Kaiserreichs）底時代※，當時，風靡全歐洲的壓迫，使剛剛再甦生的工人運動不得不保持統一，並抑止一切內部的論爭。那正是無產階級底共同的世界主義的利益能夠顯表出來的時機。德國、西班牙、意大利、丹麥，已加入運動中或正在加入。運動底理論的性質，在全歐洲，即在羣衆中間，於一八六四年時，實在還是極不明確的。德國共產主義還沒有成爲一個工人政黨；蒲魯東主義還太微弱，沒有能力誇示其特有的幻想；巴枯寧底新雜貨，在他自己的頭腦中也還未有存在；連英國工會底首領們，也以爲在『規約』底詮義書中所述的綱領之基礎上能夠加入運動的※※。第一次的偉大成功破壞了各派底素樸的結

※ 第二帝國，是一八五二——一八七〇，拿破崙第三（路易波拿伯）當法國皇帝的時候。——編輯部註

合。這一次的成功，就是巴黎公社。巴黎公社在精神上無疑地是國際工人聯合會底兒子——雖然國際工人聯合會並沒有動一隻手指去製造它——而且對於它，國際工人聯合會也很正當地被負起責任來。

當『公社』使國際在歐洲成爲一個道德的力量的時候，爭吵就開始了。各派都要利用這個成功。不能避免的崩壞就到來了。德國共產主義者眞實願依照廣博的舊綱領而繼續努力，他們底勢力，一天比一天增加；對於他們勢力伸張之嫉妬，使比利時的蒲魯東主義者投入巴枯寧主義的冒險者底懷抱。海牙會議，就確實到了終末——對兩派都是個終末。只在一個國家，還能用國際工人聯合會底名義來幹點事；這就是美國。可幸的本能把指導部轉到美國去。現在，它底威望，在美國也已喪失了。要使他再有新生命的任何企圖，都是愚蠢的，白費氣力的。國際工人聯合會支配着歐洲——十年間歷史之一方面——未來所在的那一方面；是可以自豪地回顧其事業的。但是，在其舊形式中，它是已經過時了。要生產出一個新的國際，像舊國際一樣，爲各國所有無產階級政黨底同盟，會是工人運動底一種普遍的失敗，如像一八四九至六四年那時的情形一樣。可是，無產階級的世界現在作經太大、太廣了。我相信，下一個國際——在馬克思底著已已有好幾年影響之後——將直接是共產主義的，並將直接提出我們的原則。……

＊＊ 關於『詮義書』，請參看第一國際底『創立宣言』。
——編輯部注

10

馬克思致左爾格的信

一八七七年十月十九日於倫敦

……在德國，我們底黨有一種腐敗的精神流行着；羣衆之間，還沒有像在領導者（上級的與『工人』）之間那麼盛行。

與拉薩爾派的妥協※，也引起了與其他不澈底分子的妥協。在柏林（經過莫斯特）與杜林及其『崇拜者們』妥協。此外也與一羣半熟的大學生和超等聰明的博士們妥協；——他們要給社會主義一個『更高的理想的』轉變，這卽是說，要以近代的神話及其正義、自由、平等和博愛等女神來代替它底物質的基礎（如果是要使用它，就必須認眞地從事客觀的研究）。霍希伯格博士——他出版着未來這份雜誌——就是這一個傾向底代表者，他已把自己『買入』黨了——我假

※ 這是指愛森那哈派與拉薩爾派在一八七五年哥達統一大會中所成立的妥協。詳見『哥達綱領批判』一書中『馬克思致勃拉克的信』。

——編輯部註

定他是具着『最高貴的』存心，但我對於『存心』是視爲不值一文的。如像他底未來底綱領的可憐的東西用它的更多『謙遜的自負』是很少看到光明的。

工人自己，當他們像莫斯特這一夥人一樣放棄了工作而成爲職業的文人時，他們就時常散佈理論的害毒，而且他們時常依附於那些從所謂『博學的』等級來的思想錯亂的人物。我們數十年來費了許多工作和努力從德國工人底頭腦中肅淸了的東西，使德國工人在理論上（因而在實踐上），優越於法國和英國工人的東西——未來社會建設之幻想的空想社會主義——却又流行起來，不但與法國和英國的偉大的空想家來比，而且與魏特林來比，是採取着一種更空虛的形態。很自然的，在未有『唯物的批判的社會主義』的時期，『唯物的批判的社會主義』底萌芽是包含於空想主義裏面，現在旣有了『唯物的批判的社會主義』，空想主義重來，它就只能是更愚蠢的；是愚蠢的，陳腐的，根本上反動的。……

11

恩格斯致柏克爾的信

一八七九年七月一日

……在議會中，李卜克內西底不合時的溫和，很瞭然地在拉丁歐洲生出了一極不愉快的影響，而在德國人之間，也到處感到不愉快※。我們立卽就在信札中這樣說出了。舊時的柔和的低聲鼓動會被監禁六個星期至六個月，這在德國已永遠告終了。不論現在的狀態是如何終結，新的運動是在一個或多或少的革命的基礎之上開始的，所以，必然有一個比既往的第一個運動時期要堅決得多的性質。『和平完成目的』這句話，或者是不再用得着，或者是要用得更認眞。當

※ 恩格斯是指着一八七九年三月十七日李卜克內西在德國國會中的演講。李卜克內西在這演說中有一段說：

『……我們的黨是一個改良（照『改良』這名辭底最嚴格的意義來說）底黨，而不是作暴力革命的黨；以暴力的革命爲目標，那完全是胡說。……我決然否認我們的努力是「準對着」推翻「現在的國家與社會制度」。』（見『德國國會會議報告，柏林，一八七九年，『北德一般新聞』書店出版，第四四一頁）

——編輯部註

俾斯麥使這句話成爲不可能而把運動擲入革命的方向時，他對於我們有非常巨大的貢獻，不只是足以抵消那由於抑止我們的鼓動所生的些微的害處。

另一方面，這種在國會中的溫和態度，結果使那些善於玩弄革命言辭的英雄們又開始趾高氣揚，並企圖以小組織與陰謀使黨解體。這些陰謀底中心，就是此地的『工人協會』。※

※　在一八七九年，倫敦工人教育協會落入莫斯特底『左傾』機會主義策略底擁護者之手。後來，莫斯特及其信徒都墮落到採取公開的無政府主義的立場。在一八八〇年被開除出德國社會民主黨之行列。
——編輯部註

12

馬克思與恩格斯致倍爾、李卜克內西、勃拉克等的信（傳觀的信）

一八七九年九月於倫敦

……他（舒維澤）復受人非難他『拒絕資產階級的民主主義』※。資產階級的民主主義要在社會民主黨中幹什麼呢？如果它是由『誠實的人』所組織的，它就絕不願意加入，如果它是想着加入，那就只爲要爭吵。

拉薩爾黨『願在最片面的方式內作爲一個工人政黨』。寫那篇文章的先生們，他們自己也就是這樣好一個在最片面的方式作爲工人政黨的那種政黨底黨員，他們現在在這個政黨中担負着重要的職位。這裏有一個絕對的矛盾：如果他們所寫的話就是他們所想的，他們就應該脫離黨，至少也要辭

※ 在這封信中，馬克思與恩格斯對咀立克『社會科學與社會政策年報』中的一篇論文、『德國社會主義運動底回顧——批判的箴言』給以批判的分析。這篇文章的作者是霍希伯格、伯因斯坦與斯拉姆。馬克思與恩格斯稱他們三人爲『醉立克的三位一體』。

——編輯部註

去他們底重要職位；如果他們不這麽做，那末，他們就承認了只是想利用他們底負責地位來與黨底無產階級的性質作鬥爭。所以，如果黨讓他們保有其職位，就是出賣了它自己。

照這些先生們底意見，社會民主黨不該成爲片面的工人政黨，而應成爲『所有充滿着眞正的人類之愛的人們』底全面的政黨。他首先應證明這個，就必須放棄它底粗野的無產階級熱情，在有教養的博愛的資產階級指導之下，『培養優良的嗜好』與『學習美好的音調』（第八五頁）。那末一些領袖們底『流氓態度』就將變換爲十分高貴的『資產階級態度』（好像這裏所指的那些外表上的流氓態度，還不是人家能非難他們之最微小的）。然後，也就可從有教養的與有財產的階級得到許多的信徒。但是，如果所進行的鼓動要獲得顯著的成功，就一定要先爭取這些人。

德國社會主義『太過重視爭取羣衆，因此忽略了在所謂上層社會中作有力的（！）宣傳』。因爲『黨還缺少適於在國會中充當黨的代表的人物』。可是，『把委任狀給與那些有充分時間與機會可對當前的諸問題作根本研究的人們，是合適的而且是必要的，簡單的工人與手工業者，只極少的例外，才有這樣的必要餘暇』。所以，選舉資產階級分子！

簡單地說，工人階級自己不能解放自己。工人階級爲要解放他自己，一定要受『有教養的與有財產的』資產階級分子所指導，因爲只有他們才有『時間與機會』可來研究什麽是對工人有利益的。

第二，工人階級決不是要對資產階級鬥爭，而是要以有

力的宣傳去爭取他們。

但是，如果我們要爭取上層社會，或只是爭取上層社會中善意的分子，那末，我們就决不可驚嚇他們。咀立克的三位先生以爲他們已有這個最穩的發見：

「正在現在，處於「社會主義者法令」底壓迫之下，黨表明它並不願意從事暴力的流血的革命底道路，而是决心採用合法的道路，即改良底道路。」

所以，如果五十萬至六十萬的社會民主黨底選舉者——估選舉者總數十分之一至八分之一，散處於全國各地——是有理性的，不會用頭去碰壁，也不企圖發動一個以一對十的「流血革命」，這就證明他們也永久不許他們自己利用外界的巨大事變，不許利用由此而起的突發的革命高潮，或甚至不許利用在革命高潮所生的衝突中的人民之勝利。倘若是柏林還這麼下流，又來一次三月十八※，那麼社會民主黨不應成爲「熱狂於障礙物戰鬥的流氓」參加鬥爭（第八八頁），而必須「走上合法底道路」，採取和平的行動，清除障礙物，必要時偕同光榮的軍隊一同進攻那些片面的、粗魯的和下流的民衆。如果這些先生們固持說他們的意思不是這樣，那末，他們的意思是什麼呢？

還有更好的呢。

「黨在對於現制度的批判與改革現制度的建議中表現的越鎮靜、客觀和周審，那末現在（在社會主義者法

※ 這是指一八四八年三月十八至十九日柏林的革命的障礙物戰鬥。
——編輯部注

令實施之時）已獲了成功的那着棋——有意識的反動以赤色魔影底恐怖把資產階級驅至山羊角裏的那着棋——是更少能再重復的。』

爲要把資產階級的憂懼底最後痕跡掃除，就一定要明晰而又有力地對他們證明赤色魔影實在只是一個魔影而並不存在的。但是，如果赤色魔影不是資產階級對於他與無產階級間不能避免的生死鬥爭之恐怖，對於近代階級鬥爭底不能避免的結局之恐怖，那末，赤色魔影底祕密究竟是什麽呢？取消了階級鬥爭，資產階級與『所有的獨立的人們』就『不怕與無產階級攜手前進』。被欺騙的恰恰就是無產階級。

所以，讓黨以其謙卑的可憐態度來證明它永久放棄了那種惹起社會主義者法令的『不當行爲與暴行』。黨如果自動答應只在社會主義者法令之範圍內活動，那末，俾斯麥與資產階級就一定會有把這多餘的法律廢去的好意呵！

『要了解我們』；我們並不想要『取消我們的黨和我們的綱領，但我們以爲：在我們能考慮到實現更遠大的任務之前，必先完成一定的最近的目標，那末，在今後的許多年間，我們如果集中全部力量以完成一定的最近的目標，就已夠我們幹了』。於是，資產階級，小資產階級，與工人，『現在被我們的遠大的要求所嚇跑的，就將成羣加入我們了』。

綱領並非取消，而只是延緩——延緩到無限期。接受那個綱領，並不是眞眞自己接受，並不是對於它自己的一生，而是把它當做一件遺產，遺傳給兒孫輩。在目前用我們全部

精力從事各種微細的事情，補綴資本主義的社會制度，使它在表面上好像是有些變動，但又並沒有把資產階級嚇倒。因此，我稱讚共產主義者米葵爾，他這樣來證明他堅決相信在數百年之後資本主義底不能避免的崩潰，他盡心進行欺詐，說他盡力促進了一八七三年底大恐慌※，因而確實是做了一些工作以促進現存社會制度之崩潰。

另一件違反了美好音調之事，是『過度攻擊發起者』，這些發起者『只是時代底兒女』呵；『對於斯特勞茲堡※※與這一類人物之侮辱……所以，最好是免去』。惜乎一切人們只是『時代底兒女』，如果這是一個充分的寬恕理由，那末，就不許再攻擊任何人，我們底一切的論爭，一切的鬥爭，都應停止；我們安然地聽任敵人底蹴踢，因爲我們賢者知道這些敵人是『時代底兒女』，行爲不能不如此。我們不能連本帶利地報復他們的蹴踢，而反而是應可憐這些不幸的人們。

同樣，黨之贊助巴黎公社是有害處的，把『那些不然便可以對我們同情的人衝回去了，而且，一般地增加了資產階級對我們的憎惡』。還有，『對於「十月法令」※※※之頒佈，黨是不能完全無咎的，因爲黨不必要地增加了資產階級

※　一八七三年底大恐慌，終結了所謂『企業狂』（Grundertau-mel）——在德國統一（一八七一年）之後的狂烈的投機與證券交易所的賭博之時期。

——編輯部註

※※　斯特勞茲堡（一八二三——一八四年）。德國金融家，是一八七一至七三年的『企業狂』之最著名的參加者之一。

——編輯部註

底憎惡。』

這就是咀立克三個檢查員底綱領。他們底綱領是再明顯也沒有了。至少是對於我們，因爲我們從一八四八年以來，對於這一類的辭句都極熟悉，他們是小資產階級底代表，他們十分恐懼地聲明無產階級因受其革命地位的迫使而『趨於過激』。他們所主張的，不是堅決的政治的反對，而是一般的和解；不是對政府與資產階級所鬥爭，而是企圖爭取與說服他們；不是對上層的虐待加以大胆的反抗，而是卑鄙的服從與讓步，並承認懲罰是應得的。一切在歷史上是必然的衝突，都被重行說明作誤解， 而一切的討論， 都以『我們究竟在主要點上意見都是一致的』這斷語作結束。一八四八年作爲資產階級民主主義者而出台的人們，現在也可以自稱爲社會民主主義者。一如民主共和國對於那些人一樣，資本主義制度之沒落對於這些人也是很遙遠的，所以，在現代政治實踐上是絕對沒有意義的；我們可以恣意地調停、妥協和博愛。無產階級與資產階級間的階級鬥爭也是如此。在紙上承認階級鬥爭，因爲是無法否認它的，但在實際上却掩飾它，冲淡它，減弱它。

社會民主黨不應是工人政黨，不應以資產階級底憎惡或任何別人底憎惡來重壓自己；它主要應該在資產階級中作有

*** 對付社會主義者的『非常法令』於一八七八年十月十九日發生效力。它禁止了社會民主黨。黨因而被迫從事祕密的活動。『非常法令』到一八九〇年才取消。 ——編輯部註

力的宣傳；與其着重於究竟非我們這一代人所能完成而只是把資產階級嚇怕的遠大目標，就不如用全部精力從事那些小資產階級的補綴的改良， 以新支柱給予舊社會制度， 因而把最後的崩潰轉化爲徐緩的、逐漸的、盡可能和平的解體過程。這些人也就是那些在忙於活動的假裝下不但自己不幹什麼事情，而且阻止凡是除了空談外要作任何事情的人們；也就是那些怕懼一八四八至一八四九年底每一行動，阻礙了運動之每一步，最後使之失敗的人；也就是那些看到了反動，而很吃驚地發覺他們自己最終跑入於既不能抵抗又不能逃走的絕路的人；也就是那些要把歷史局限於他們的狹隘的小資產階級的視界之內——但歷史却超過他們而每次都走上日程——的人。

至於他們底社會主義的內容，這在共產黨宣言論『德國的或眞實的社會主義』這一章中已批判得很充分。既視階級鬥爭爲討厭的『粗野的』現象，而把它抹在一旁，那末作爲社會主義基礎的，就只有『眞正的人類愛』與關於『正義』的空洞文句了。

以前屬於統治階級的人們也要加入戰鬥的無產階級，把文化的要素貢獻給無產階級——這是一個基於發展過程中的不可避免的現象，我們在共產黨宣言中已說得很淸楚。但這裏有兩點要注意的：

第一，爲要眞實的有益於無產階級運動，這些人物就也應該攜來眞正的文化要素，但是，德國資產階級政變者底最大多數都不是這樣。不論是未來或是新社會，都沒有貢獻什

麼能使運動前進一步的。眞正的、具體的或理論的文化材料是絕對的缺乏。我們所得到的，是企圖將一些把握得很膚淺的社會主義的觀念，與他們從大學或別處所攜來的極複雜的理論的見解（由於德國哲學底殘餘現在所處的腐爛過程，每一個見解都比較前一個見解更爲紛亂）相調和起來。不是以深刻研究新科學自身爲開始，他們個個都要修剪新科學以適合他所已有的觀點，迅速地造出他自己的私人科學，而且立即自命可以教人了。所以，這些先生們差不多每一個人就有一個不同的見解；對於某一個問題，不會把它弄明白，而反只是使其紛亂得更厲害——幸而差不多是只限於他們自己中間。這些以教他們從沒有學過的東西爲第一原則的文化分子，黨是大可以缺少他們的。

第二，如果這一類從別的階級來參加無產階級運動的人物，第一個要求是，他們不要攜帶資產階級的、小資產階級的等等偏見底殘餘，而是要無條件地領取無產階級的觀點。可是，這些先生們，早已就證明了，是滿腦袋裝着資產階級的與小資產階級的觀念。在像德國這樣的一個小資產階級的國家中，這些觀念當然自有其根據的。但只是在社會民主主義的工人政黨之外。如果這些先生們組成爲社會民主主義的小資產階級政黨，他們是有着完全的權利的；那時，可與他們商議，根據情況構成聯合等等。可是，在工人政黨之內，他們是僞雜分子。如果有暫時容忍他們於黨內的理由，那末，我們也就有義務僅是容忍他們不讓他們影響黨的領導機關，並時時醒悟到與他們分裂只是一個時間問題。分裂的

時候好像是已到來了。黨怎能再容忍這篇文章底作者於其隊伍中，是我們所不能理解的。但是，如果黨的領導是或多或少地落於這些人之手，那末，黨就將簡直是被閹割，無產階級的鋒銳性也就將消失了。

我們呢？鑑於我們底全部過去，面前只有一條路可走。差不多在四十年來，我們着重指出階級鬥爭爲歷史底直接的原動力，特別是資產階級與無產階級間的階級鬥爭爲現代社會革命底巨大槓杆；所以，我們對於那些要把這階級鬥爭從運動中除去的人，是不可能合作的。當國際工人聯合會創立的時候，我們明白定出戰鬥口號：工人階級底解放應該是工人階級自己的事業。有些人公然說出工人太沒有教育，不能解放他們自己，一定要先由博愛主義的資產者與小資產者從上而下地解放出來；我們對於這些人是不能與他們合作的。如果黨底新機關報採取了適合於這些先生們底見解的態度，是資產階級的，而不是無產階級的，那末我們雖很抱歉，但也只好公開宣佈反對它，並解除我們一向在國外代表德國黨的這種連帶關係。但我們希望事態不會弄到那樣的地步。……

13

恩格斯致倍倍爾的信＊

一八七九年十一月十四日於倫敦

……在第三部分內包含着對德國的庸人之不愉快的讓步。爲什麼要關於『內戰』之完全多餘的一段呢？爲什麼要在『輿論』（德國的輿論總是啤酒庸人底輿論）之前脫帽呢？爲什麼在這裏把運動底階級性質完全抹殺呢？爲什麼使無政府主義者這樣快樂呢？而且，這一切的讓步是全然無用的。德國的庸人是聯合的儒夫，他只尊敬那些使他恐怖的人。可是，誰去諂媚他，就被視爲與他同等，就不把當做一個同等者來尊敬，這卽是說，完全不尊敬。現在，稱爲輿論的啤酒庸人底憤慨之狂風暴雨，——旣已平息，現在租稅底壓迫已使人民不論在什麼場合都很疲嬾，爲什麼現在還要說這些阿諛的話呢？如果你知道，這在外國產生什麼樣的印象啊！黨底機關報，由黨中和鬥爭中的人們來編輯，是很好的。

＊ 恩格斯在這封信中，批判社會民主黨國會黨團底報告（發表於一八七九年十一月）。在那個報告中，包含有若干很明顯的機會主義的語句。 ——編輯部註

但你只要在外國六個月，你對於黨員在國會中對庸人的全然不必要的謙卑，就會有極不同的見解。在公社之後，襲擊着法國社會主義者的狂風暴雨，與德國諾比林的悲鳴※是完全不同的。法國的社會主義者底舉止是何等的自負與自覺啊！你能在什麽地方找到對敵人的這樣的軟弱與恭維嗎？當他們不能自由發言時，他們就沉默。他們讓小資產階級者咆哮；他們知道他們底時代是會再來的，現在這樣的時代是到來了。……

…此外我還想提及奧業爾的僞造，我們在這裏既沒有過低估計德國的黨所要克服的困難，也沒有過低估計已經獲得的成功底意義以及黨底羣衆迄今完全模範的態度。用不着說，在德國的每一次獲得勝利，我們都很高興，如同別處獲得勝利時一樣，甚至是更爲高興，因爲德國的黨自始就在我們底理論主張之基礎上發展的。但是，正因爲這個緣故，我們特別關心着德國黨底實際態度，尤其是黨指導部底公開發表的意見須與一般的理論相符合。我們的批判，自然對於某些人是不愉快的。可是，黨有一些人住於外國，他們不爲紛亂的當地關係與鬥爭的細節所影響，他們時時用對於一切適用於近代無產階級運動的理論原則，來量度事件與言論，他們又反映黨底行動在外國所產生的印象；這對於黨與黨底指導部，必定比一切的無批判的阿諂之辭更有益處。

※　一八七九年六月，諾比林在他的精神不健全時，企圖行刺威廉第一。政府以此事件爲藉口，頒布『社會主義鎮壓法』。

——編輯部註

14

恩格斯致伯因斯坦的信

一八八一年十月二十五日於倫敦

……但蓋斯德確是在爲法國工黨起草綱領草案到這裏來的。在我的屋子裏，馬克思當着拉法格與我之面前，把綱領理由書口授給他，由他筆記下來：工人只有當他成爲他底勞動工具底所有者時才是自由的；——這個可以採取個人的形態或集體的形態。個人的所有形態，因經濟的發展而被克服，而且一天比一天被克服得更完全——所以，留下來的，只是集體的所有形態，等等——這是確切的，只用幾個字就能給羣衆說淸楚的論證底傑作，這我是很罕見的，而且這種簡潔的表現法連我也爲之驚服。然後討論綱領其餘的內容。我們加進了一些東西，又删去了一些。但從下面這一事實，就可看出蓋斯德並不是馬克思底代言人；他堅持要把他底『最低限度工資』底愚論，包括入綱領的裏面；因爲負綱領責任的不是我們，而是法國人，我們最後順他的意，雖然他承認『最低限度工資』在理論上是沒有意思的。

後來，法國人討論這個綱領，修改了幾個地方——其中

馬龍所提出的，决不是改善——就通過了。

但是，最使這些卑劣的吹毛求疵家（他們本來是一無所能的却偏裝成無所不能）發怒的，就是：馬克思由於他底理論上與實踐上的成就，獲得了這樣的地位，卽，各國的所有勞動運動底最優秀人物，對他完全信賴。在緊急關頭都來向他請教，而且通常都覺得他底意見是最好的。在德國、法國、俄國，他都有這樣的地位；更不用說在其他的小國了。所以，並不是馬克思把他底意見強人容納，更談不到強人聽從他底意志，而是別人自己去向他求教。正因爲這個緣故，馬克思對於運動有極重要的特殊的影響。

馬龍也要來這裏，但他要由拉法格那裏得到馬克思的特別邀請才來；這個特別邀請，他自然是得不到的。準備着與他如像與任何其他人一樣，善意地討論，可是邀請爲着什麼呢？誰受過這樣的邀請呢？

馬克思以及我對於其他的國家的運動之關係，是與他對法國人之關係一樣。在我們繼續不斷與這些運動保持關係，如果是值得這樣幹，而且是有這樣的機會的話。但是違反着他們的意志而去影響他們的任何企圖只是有害於我們，並毁滅了自國際工人聯合會時代以來的舊有的信用。這我們在革命事業中已有了許多的經驗了。

15

恩格斯致伯因斯坦的信

一八八一年十一月三十日於倫敦

如果有任何外界的事件，幫助馬克思再恢復幾分的健康，那就是選舉了※。無產階級從沒有行動得這麽好。於英國，在一八四八年的大失敗※※之後，就陷於冷淡狀態，最後，除了工會爭取較高工資的個別鬥爭之外，工人階級是屈伏於資產階級的榨取中。在法國，十二月二號以後，無產階級就不再見於舞台了※※※。在德國，經過了三年的空前的迫害，從不鬆弛的壓迫，完全不能有公開的組織，甚至連調節也不可能；現在我們的青年們不單有往年的力量，而是比從前更強有力。而且正是在最重要的一方面是比前加強了，卽，運動底重心從撒克遜底半農村的地域移到大工業都市來。

····

※ 一八八一年秋天，社會民主黨在國會選舉中獲得了三十一萬二千票，十二個議席。——編輯部註

※※ 恩格斯是指英國憲章運動失敗與衰微。——編輯部註

※※※ 在一八五一年十二月二日（路易拿破崙底政變），參看『拿破崙第三政變記』。——編輯部註

在撒克遜，我黨底羣衆大部分是手織工人，蒸氣織機使他們避免不了沒落，他們只靠『飢餓工資』與副業（種菜，彫刻玩具，等）挨過窮苦的生活。這些工人是處在經濟上的反動的地位，代表着一個沒落的生產階段。所以他們至少不是與大工業的工人一樣是革命的社會主義底天生的代表者。他們並不因此而本質上是反動者（例如，這裏的殘存的手織工人最後變成『保守的工人』底結晶的核心），但他們終是不確定的，特別是因爲他們底極度貧困的狀態，使得他們的反抗力比都市人要弱得多，而且因爲他們的分散使得他們比都市的人更易於被奴役。根據着『社會民主黨』所發表的那些事實，這些可憐的人們，這樣多次地英勇掙扎着，事實上這種英勇是可驚佩的。

可是，他們不是一個偉大的國家範圍的運動底眞正核心。在某些情況之下——如從一八六五到一八七〇年——他們底貧困使他們比大都市的人能迅速地接受社會民主主義的見解，但貧困也使他們更不安定……

現在，整個的形勢是不同了。柏林，漢堡，布勒斯勞，萊比錫，德勒斯登，曼斯，歐芬巴賀，布勒門，愛貝菲爾，索林根，紐倫堡，邁河畔的伏蘭克府，喀姆尼茨旁的汗腦與挨斯格堡底各地，有着一個完全不同的基礎。『依他們底經濟狀態是革命的階級，成爲運動的核心。此外，運動已同等地擴張到德國所有的工業各部分中，從限於二三個地方中心的運動，現在漸漸成爲一國範圍的運動。這是最使資產階級害怕的。』

16

恩格斯致倍倍爾的信

一八八二年十月二十八日於倫敦

……在法國，期待了好久的分裂，是發生了＊。蓋斯德及拉法格與馬龍和勃勞斯之原來的合作在黨底創立時是不可免的，但馬克思和我從沒有幻想這種聯合能夠維持永久的。所爭之點，純粹是原則的：鬥爭是作爲反對資產階級之無產階級底階級鬥爭而進行呢？還是機會主義地（或者，翻譯成爲社會主義的言辭，稱它爲可能派）把運動底階級性質以及綱領在那些能獲得更多的票數更多的信徒的地方都拋棄呢？馬龍和勃勞斯宣稱他們贊成後者，把運動底無產階級的階級性質犧牲了，使分裂不可避免。這樣也好。不論在什麼地

＊ 法國工黨之分裂，是爆發於一八八二年九月二十五日聖愛丁納大會（Kongress in St. Etieune）。黨底委員會在其向大會報告中，提議把馬克思主義者開除出黨。大會底少數派——蓋斯德與拉法格所領導的三十二位代表——退出了大會。大會底多數派偏袒着機會主義者。蓋斯德派在魯安（Rouen）召集自己的大會（一八八二年九月廿七日）。

——編輯部註

方，無產階級底發展都是在內部鬥爭中前進的。法國，現在才第一次組織工人政黨，當然不會例外。我們，在德國，已越過了內部鬥爭底第一階段，別的階段還在我們的面前，在可能統一的時候，統一是極好的，但還有比「統一」更高貴的東西。像馬克思和我自己一樣的人，畢生與所謂的社會主義者作鬥爭，比反對任何別人，還要猛烈（因爲我們把資產階級只當做一個階級，很少與個別的資產者鬥爭），對於不可避免的鬥爭之爆發，決不會感到很悲哀的。……

17

恩格斯致柏克爾的信

一八八五年六月十五日於倫敦

……在像德國這樣的小資產階級的國家中，黨也定然有一個小資產階級的『受過教育的』右派，在緊急關頭就把他們趕出了。小資產階級的社會主義肇始於一八四四年，在共產黨宣言中就已批判過它了。小資產階級的社會主義，是與小資產階級自身，同樣不死的。『社會主義者法令』存在一天，我就一天不贊成我們挑起分裂，因爲我們底武器並不是同等的。但是，如果這些先生們要把黨的無產階級的性質抑壓下去，企圖代之以沒有力量或沒有生命的、粗野的、美學的=感情的博愛主義，因此而挑起分裂，那末，我們也就只好聽任其分裂了。……

馬克思恩格斯關於唯物史觀

——艾思奇譯——

1

馬克思給安能科夫的信

一八四八年十二月二十八日於布魯塞爾

……什麼是社會，它的形式又是怎樣的？是人類的相互行動的產物。人類可以自由地選擇他們的社會形式嗎？不能。把人類生產力發展的一定狀態拿來一看，你就可以找到一種相應的交易和消費的形式。在生產、交易、消費的一定發展階段上，你又可以找到一種相應的社會制度的形式，找到一定的家族組織、階級狀況，一句話，找到一種相應的市民社會。在這樣的市民社會上，你又可以找到一種相應的政治狀態，這政治狀態僅只是市民社會的公務上的表現。這一切，都是蒲魯東先生不會了解的，因爲他相信，只要把國家歸結到社會，也就是把社會的公務上的要約歸結到公務的社會，就算是做得很夠了。

還要再說一點，人類對於他們的生產力——他們的全部歷史的基礎——並不是自由的主人，因爲，任何生產力都是獲得的力量，都是從前的活動的產物。固然，生產力是人類的實踐能力的成果，但這能力本身却要依據於人類所處的境

況，人類存身在這境況裏，是靠着以前已經獲得的生產力和當前已經存在（不是他們所創造，而是以前時代的產物）的社會形式。任何後來的時代都是靠着先前時代所獲得的生產力（它對於前者是新的生產的原料）而存在的，這一個簡單的事實，就在人類歷史中間構成了一種關聯，構成了一種人類的歷史，這歷史，愈是因爲把握到了人類的生產力的生長，也即是人類的社會關係的生長，也就愈成其爲人類的歷史。必然的結論是：人類的社會史，常常是他們個人發展的歷史，不管他們自己對於這點是否能意識得到，都是一樣的。他們的物質關係構成了他們的一切關係的基礎。這物質的關係，只是他們的物質的、個人的活動藉以實現的必然的形式。

蒲魯東先生把觀念和事實混淆了。人類决不放棄他們所獲得的東西，但這並不是說，他們也不放棄那他們藉以獲得某些生產力的社會形式。完全相反，爲要使努力所得的成果沒有損失，爲着不要失去了文化的果實，人類在他們的交易的方法不能再和旣獲得的生產力相適應的一瞬間，就不能不改變他們的傳統的社會形式——我這裏所說的『交易』（Handel）是指最廣義的用法，就等於德文裏的『往來』（Verkehr）的意思。舉例來說，譬如特權、行會和公會的組織，中世紀的法規等，都是社會關係，它們和旣獲得的生產力，和從來的社會狀態（那些制度就是從這裏面產生的）等，都是相適應的。在這些社團和法規的庇護之下，資本就積蓄起來，海上交易發展了，殖民地也建立起來——到這時，人類

如果還要想保守着那些形式，保守着這些果實在其庇護之下成熟起來的那些形式，那他們就會連這些果實也要失去了。於是就有了兩次的暴變，卽一六四〇和一六八八年的兩次革命。一切舊的經濟形式，一切和它相適應的社會關係，以及政治的狀態（它是舊的市民社會的公務上的表現）等，在英國都被打碎了。這樣，人類實行生產、消費、交換等所依據的經濟形式，都是過渡的、歷史的。人類用新獲得的生產力來改變他們的生產方式，又用這生產方式來改變一切的經濟關係，這生產關係，只是這一定的生產方式上的必要的關係。

……蒲魯東先生對於人類製造布、麻和絲織物的事，有很好的理解；他能夠了解到這麼簡單的一件事情，在他是一個大的功勞！蒲魯東先生所不了解的是，人類也能有足夠的力量來生產社會關係，他們就是在這關係裏製造布和麻。蒲魯東更理解不到的是，這能夠生產社會關係（就像他們實行物質生產一樣）的人類，也能夠創造出觀念、範疇，也就是創造出這同一社會關係的觀念上的抽象的表現。因此，範疇也和它所表現的關係同樣，不是永久的，它們也是歷史的過渡的產物。在蒲魯東就完全相反，抽象物和範疇却成了基始的原因。照他的意思，創造歷史的就是它們，而不是人類。抽象物、範疇，只就它本身來看時，也就是，把它從人類和人類的物質行動分離開來看時，自然是不死的、不更改的、不變易的，它只是一種純粹理性的存在，也就是說，抽象物就它本身來看時，就是抽象的。可驚的同語反覆！

於是，在範疇的形式上所看到的經濟關係，對於蒲魯東先生也成了永久的形式，它既沒有起源，也沒有發展。

讓我們從另一方面來看：蒲魯東先生並沒有直接主張，說資產階級的生活在他看來是永久的眞實。但他是間接地這樣主張了，因爲他把那在思想的形式上來表現資產階級關係的範疇神化起來。當資產階級社會的生產在範疇的形式上，在思想的形式上呈現到他前面來時，他就把它當作獨立進行着的、生來就形成了的、永久的東西。因此，他不能超過資產階級的水平線。因爲他是運用着資產階級的思想來工作，並把它們預想作永久眞實的東西，他就去尋求這些思想的綜合，尋求它們的平衡，而不知道，它們藉以達到平衡的目前的方法和方式是唯一可能的方法和方式。

事實上，一切良善的資產者們所做的，他都做了。他們都告訴你們，競爭、專賣等等，在原則上（也就是，作爲抽象的思想來看時），是生活的唯一基礎，但在實際上，他們却還有着許多其他的願望。他們都希望競爭不要有着競爭的悲慘的結果。他們都希望着這不可能的事：即希望資產階級的生活關係，不要有着這些關係的必然的結果，他們都不了解，資產階級的生產形式是一種歷史的、過渡的形式，完全就像封建的形式一樣。由於這個錯誤，就使得他們以爲資產者是一切社會的唯一可能的基礎，因此他們就不能想像會有那樣一種社會狀態：在裏面人類會進步到不再是資產者的。

因此，蒲魯東先生必然地成了教條主義者。那使得目前世界發生變革的歷史的運動，在他那裏已經被解消成這樣的

問題：卽怎樣去發見適當的平衡，發現兩種資產階級思想的綜合。於是這位練達的青年就精密地發見了隱藏着的神的思想，發見了兩種孤立的思想的統一，其所以成爲兩種孤立的思想，僅僅是因蒲魯東先生使它們從實際生活孤立起來，使它們脫離了 它們所表現的現實的聯繫， 卽現代的生產的緣故。蒲魯東先生用他的頭腦的過敏的運動，來代替那從（人類已經達到了的） 生產力和（ 不能再與這生產力相適應了的）社會關係的衝突中發生起來的偉大的歷史運動，來代替那在一國的許多階級和許多國家中間準備着的可怕的戰爭，來代替那唯一能解決這些糾葛的實際的、強力的、羣衆的行動， 來代替這--廣泛的、長期的而又複雜的運動， 這樣一來，只要有那樣的學者，那樣的人類，他能夠知道神的內心的思想時，他就能創造歷史，小人物們僅僅是承受他們的啓示而已。這樣你就可以了解，爲什麼蒲魯東先生會成爲一切政治運動的公開的敵人。當前的問題的解決，在他看來，並不是要靠公開的行動，而是要靠他的頭腦的辯證法的旋轉。在他看來，範疇就是推動力，人們用不着靠改變實際生活來改變範疇。完全相反，人類要先改變範疇，然後現實生活的改變，才能作爲它的結果而出現。

要想把矛盾和解的願望太迫切了，蒲魯東先生竟全不知道要問一問，這些矛盾的基礎的本身是不是要重新改造。他完全就像那政治的教條主義者，他想保存國王，保存衆議院又保存上議院，把它們看做社會生活的組成部分，看做永久的範疇，他只不過想尋求一種新的公式來使這些勢力得到平

衡（這平衡其實在當前的運動裏是這樣存在着的：卽這些勢力之一有時成爲另一勢力的勝利者，有時又成爲奴隸）。事實是在十八世紀就有着很多的平庸的頭腦在努力想尋找眞正的形式來使社會的諸階層，使貴族、國王、國會等等得到平衡，而到了最後時，國王、國會、貴族都沒有了。這矛盾的眞正平衡，就是一切社會關係的推倒，卽成爲一切封建的存在及這些封建的存在中的對立之基礎的社會關係的推倒。

這樣，蒲魯東先生在一方面有着永久的觀念，有着純粹理性的範疇，在另一方面又有着人類和他們的實際生活（在他看來，這只是那範疇的應用），你在他那裏一開始就可以找到一種關於生活和觀念，關於靈魂和肉體的二元論——在種種的形式裏反覆出現的二元論。你可以看到，這樣的對立，只不過是由於蒲魯東先生對於他所神化了的範疇的普通的起源和歷史的無力把握罷了。

2

馬克思給韋得梅葉爾的信

一八五二年三月五日

……至於就我這方面來說，發現近代社會裏有階級的存在以及階級互相間的鬥爭等，都不能歸功於我，資產階級歷史家還比我更早就指出了這階級鬥爭的歷史的發展，資產階級經濟學家也曾做過資產階級經濟的解剖。我的新的東西，只是在於指出：（一）階級的存在，必定是和生產上的一定的歷史發展階段結合着；（二）階級鬥爭必然要走到無產階級專政；（三）這專政又僅只是揚棄一切階級而達到無階級的社會的過渡。……

3

馬克思給恩格斯的信

一八五七年九月二十五日

……軍隊的歷史，比任何事物都更明顯地顯示着我們的（關於生產力和社會關係的聯繫的）觀點的正確性。一般地，戰爭在經濟上很是重要。例如，薪俸制度，在古代，就是首先在軍隊裏充分發展起來的。同樣，在羅馬人中間，Peculim Castrense ※就是對於非族長的動產私有加以承認的最初的法律形式。行會制度對於手工業工場的公會是這樣，現在的機械的大規模的運用，也是這樣。就是金屬的特殊的價値，以及它的作爲貨幣的用途，其起源（從Grimm的石器時代完結了以後）好像也正是依據於它的戰爭的意義。又，一部門內部的工作分工，也是最初在戰爭裏產生的。資產階級社會形式的全部歷史，都可以很適當的概括在這裏。你如果有時間的話，你可以就站在這樣的觀點上，來把事情研究一下。……

※ 兵士在軍營中所據有的財產。

4

馬克思給恩格斯的信

一八六六年月七日七

……對於我們的生產手段決定生產組織的學說，能夠有比在殺人工業裏※所有着的還更顯赫的確證嗎？我想要你在這方面寫點東西（我對這方面却很少認識），讓我用你的名字作爲附錄放進我的書裏，這一定要費你許多的力，你考慮一下吧。倘若成功的話，那就把它放進我詳細論述這個主題的部分的第一卷裏。你能理解我會多麼樣的歡喜，倘若你在我的主要著作（我現在才只做了一小部分）裏直接作爲一個幫手，而不僅只是在引文句中出現的話！……

※ 即指軍事。——編者

5

恩格斯給史密特的信

一八九〇年八月五日

……一般地，『唯物論的』這字，在德國，在年青的文人們看來，只算是一個簡單的套語，無論什麼都被人不加研究地用這套語來標記着， 也就是說， 只要貼上了這一個標記，就以爲事情解决了。其實我們的歷史見解主要地是研究的嚮導，而不是黑格爾派的構造的槓桿。在想要獲得政治上的、私法上的、美學上的、哲學上的等等觀點之先，必須要把這些觀點所適應、所從出的全部歷史從新加以研究。必須要把各種各樣的社會形成的現存條件加以探討。在這方面現在所看見的還非常少，因爲很少有人肯認眞地這樣做。在這方面我們需要大量的助力，它的領域是無限的大，誰只要肯認眞地去做， 就可以有很多成就，就能夠出人頭地。 但現在不是這樣，歷史唯物論的套語（其實一切都可以被人弄成套語 ）對於許多青年的德國人只有這樣的用處： 加速地把他們自己比較貧乏的歷史知識（經濟的歷史都還只睡在搖籃裏！）系統地組成起來，這樣使自己大胆的前進……。

你是實際上有了成就的，你一定能夠看出，青年作者們對於經濟、經濟的歷史、交易、工業、農業、社會形成的歷史等，能夠用力研究的人多麼稀少。對於毛列爾※，除了名字以外還知道多少！新聞記者式的自滿似乎可以成就一切，而且看起來也好像如此。這些先生們常常以爲所做的一切對於勞動者已經夠好了。倘若這些先生們知道，馬克思是怎樣常常覺得，就是他的最好的東西，對於勞動者也不會是夠好的，他是怎樣地認爲，如果有人不把最好的東西供獻給勞動者，那就是一種罪惡！……

※ 毛列爾是農村「馬克制度」的研究者，恩格斯對他的著作評價得很高，而且用心地加以研究過。

6

恩格斯給布洛赫的信

一八九〇年九月二十一日於倫敦

……依據唯物論的歷史見解，在歷史中間，在結局上決定着的契機是現實生活的生產及再生產。馬克思和我的主張都不過如此而已。倘若有人把它這樣來曲解，說經濟的契機是唯一決定的東西，那他就會把這命題轉變成無價值的、抽象的、不合理的套語。經濟狀況是根底，但上層建築的各種各樣的契機——階級鬥爭的、政治上的諸形式和它的成果——勝利的階級在戰勝之後建立起來的憲法等——法律形式，以及這一切鬥爭在鬥爭成員的頭腦裏的反映，如政治的、法律的、哲學的學說、宗教的觀點和這觀點向教條系統的進一步的發展等，在歷史鬥爭的過程中，都有着它們的作用，而且在許多場合還能有力地決定着它們的形式。這一切的契機有着一種交互作用，在這裏面，經濟的運動是通過了無限量的一切偶然性（也就是通過了這樣的事物和事件：它們相互間的內的關聯是那末隔離，那末難於指明，使得我們會把它忽視，把它看做並不存在的東西），而終於作為必然

性貫徹着。要不是這樣，那麽，把理論應用到任一歷史時期的事，就會要比簡單的一次方程式的解决還更容易了。

我們創造我們自己的歷史，但首先必須要在非常確定了的前提和條件之下。在這裏面，經濟的前提和條件是最後决定的東西。但政治的前提和條件，以及幽靈似的出現在人類頭腦中的舊傳統，也有着一種作用，雖然並不是决定的。普魯士國家也是在歷史的結局上、在經濟的原因中發生起來和發展下去的。但如果要這樣主張：說在南德意志的許多小國中，蘭登堡就是由於經濟的必然性，並不是還由於其他的契機（首先是因着普魯士的領地而與波蘭，以及因之而與國際政治關係間所發生的牽連——這在奥大利的王權的形成上也是决定的），而被决定成爲一個强國（在這裏面體現着北部和南部在經濟上、言語上以及改革以後的宗教上的不同），那就未免迂陋了。要想把已往和現在的每一個德意志小國的存在，或高德意志（北部德意志——譯者）的語言變音（L-autverschiebung，這語言變音把德國在地理上的，由蘇台德到陶奴士的山脈所形成的障壁擴展成形式上的分裂）的起源加以經濟上的說明而不至於鬧笑話，那是很困難的。

其次，歷史又是這樣被創造着的，即最後成果常常是從許多個別意志的爭鬥中產生出來，而每一個意志的表現如何，又是依據着許多特殊的生活條件而形成起來的。因此就有着無數互相交叉的力，有着各種力的平行四邊形的無限的叢聚，由這裏產生一種合力——卽歷史的事件。這歷史的結果又可以被看做一種不自覺地不自意地作用着的總的勢力的

產物。因爲每一個個別的人所願望的東西，都會被每一個另外的人所妨害，而所出現的東西，都不是人所希望的。以往的歷史就是這樣作爲一種自然的過程進行着，並且在本質上也是服從於這樣的運動法則。但是，從這一點，卽個別人的意志——這意志是表現着一個人的身體體質和他的外部的、在結局上經濟的（不論他自己個人的或是全體社會的）環境在他身上所促成的願望——不能達到他所想望的東西，而只能解消在一個總體裏，一個總的結果裏，但從這一點，不能就因此結論說它（卽個別人的意志——譯者）是等於零。相反地，每一個人的意志對於總的結果都有貢獻，而且也就是這樣被包含在它裏面的。

我還想要求你：要從原著裏去研究這學說而不要向複述者學習。實際上這樣做還更容易得多。馬克思從沒有寫過一種不包含這個理論的東西。特別像拿破崙政變記，就是這理論的應用上的一個非常輝煌的例子。同樣在資本論裏也有許多指示。我還可以請你參看我的著作：反杜林論和費爾巴哈和德國古典哲學的總結，我在這裏對於歷史的唯物論，凡是我所知道的，都給與了最詳細的說明。

青年們所以常常會把經濟方面過分地着重了的原因，在馬克思和我也要負一部分的責任。當時我們在論敵前面，必須要強調那被他們所攻擊着的主要原則，於是就沒有更多的時間、地方和機會，來使其餘的交互作用中的諸契機獲得它應得的地位。但因爲那是爲着要對一個歷史階段加以說明，也就是說爲着要實際的應用，那情形是不同的，而這裏就不

能有什麼錯誤。遺憾的只是太常常地說有人以爲，只要把主要命題抓住，而且還不一定是正確地抓住，就算是對於一種新理論完全得到了解而且充分地能夠運用了。在這方面，我不能不責備那些最新的『馬克思主義者』，許多古怪亂談都是從此產生的。……

7

恩格斯給史密特的信

一八九〇年十月二十七日

……事情要從分工的觀點上看，就最容易了解。社會產生出它所不能缺少的某些共通的機能。担負這機能的人們就形成了社會內部分工的新的分枝。他們因此也就有着特殊的利益而不同於他們的授權者們，他們在後者的前面獨立起來，於是——這就有了國家。這樣，情形就像在商品交易以及稍遲的貨幣交易裏一樣：新的獨立的權力主要地本來是依據於生產的運動的，但由於它內部存在着的，也就是一度賦予於它而漸漸地進一步發展起來的相對的獨立性，使得它對於生產的條件和進程也發生了反作用。這就有着兩種不同的力的交互作用，有着經濟的運動對於一種（向着盡可能的獨立性進展的，既已一度出現，就也獲得了一種獨特運動的）新的政治權力的交互作用；經濟的運動主要地是一直貫徹着的，但它還要受到那依據於它而出現，並獲得了相對獨立性的政治運動（一方面是國家權力，另一方面是與國家權力一起產生出來的對抗者的運動）的反作用，就像工業市場在大

體上，在上面所說的保留條件之下，是反映於金融市場，同時自然也有着逆轉一樣。從來就存在着、鬥爭着的階級間的鬥爭，也反映於統治者和對抗者中間的鬥爭，並同樣也有着逆轉，不是直接地，而是間接地，不是作爲階級鬥爭而是作爲政治原理上的鬥爭，這樣的逆轉，使得我們要經過幾千年的時間，才能夠在發現它的眞相。

國家權力對於經濟發展的反作用可以有三種：它會循着同一的方向而走上先頭，而且發展得較快；它會走上相反的方面，這種情形在今日會使每一個大民族的力量受到破壞；或者，它會把經濟發展的一定的方向切斷，而規定出另外的方向——這一種場合，結局又會還元成前面兩種場合之一。很明白的，在第二和第三兩種場合裏，政治權力對於經濟發展會給予大的損害，會造成多量的力和物的浪費。

在這兒還有一種場合，卽經濟手段的掠奪和橫蠻的毀壞，這在以前的情況之下，能夠使經濟上的一個地域和民族的發展全部毀滅。但在今日這種場合差不多只有相反的作用，至少在大的國民中間是這樣：被打擊者常常最後在經濟上、政治上、道德上比勝利者還更多地得到勝利。

就法律來說，也是一樣：當新的分工成爲必要時，就產生了職業的法律家，於是一種新的獨立的領域展開了。這領域除了對於生產和交易有着它的一般的從屬關係之外，同時對於它們又有着一種特殊的反作用的能力。在一個近代的國家裏，法律不僅只是適應於一般的經濟狀況，而作爲它的表現，並且還得是一種在自己本身有着關聯的表現，它不能因

爲內在的矛盾而在表面上也顯現出不一致。爲要做到這一點，於是經濟關係的反映的眞實性就愈更愈更的被破壞了。法律的典籍愈更不能夠成功爲嚴峻的、無情的、不虛僞的、階級支配的表現時（這可以說已經就違背了『法律概念』了），那破壞也就愈更厲害。一七九二年到一七九六年的革命資產階級的純粹的澈底的法律概念，在拿破崙法典裏已經有了某些方面的僞造。而當它在法典裏面體現出來以後，因爲無產階級力量成長起來的緣故，它還要漸漸地從各方面更減弱下來。使拿破崙法典能夠成其爲法律典籍的那東西也就是在整個大陸上的一切法典編纂的基礎。因此，『法律發展』的進程本質上不外這樣的：首先企圖要解決那爲着把經濟關係間接地轉移成法律基本原則而產生的矛盾，並建立一種調和的法律體系；接着是經濟發展的影響和強制又不斷地要把這體系衝破，於是，又把它捲入新的矛盾裏（我這裏首先只就民法來說）。

經濟關係在法律原理上的反映，也必然地同樣是一種頭足倒置着的東西：它的出現不必要那處理它的人對於它有明白的意識，法律家總以爲自己是根據着先驗的原則行事，而不知道這只是經濟的反射——於是一切都頭足倒置了。而這種顚倒（它在沒有被識破的時候，就構成了我們所謂的意識形態的觀點Ideologische Anschauung）之能夠又從它這方面反作用於經濟基礎的事，對於我們却好像是自明的。繼承權（以相當的家族發展階段爲前提）的基礎是經濟的。但我們却很難於證明：像英國的絕對的遺囑自由，像法國對於這自

由的很强的限制，是不是在一切部分都只有着經濟的原因。然而兩者都以極顯著的方式反作用於經濟，卽它們影響到了財富的分配。

至於說到那浮懸在更高的空中的意識形態的領域，如宗教、哲學等，那末，這些東西還有着一種史前的、從歷史的時代中出現和繼承下來的儲藏，一種在今天的我們會要說它是愚想的儲藏。這各種各樣的關於自然，關於人類性質，關於精靈、魔力等等的虛僞的表象，大都是消極地有着經濟的基礎；史前時代的低度的經濟發展，把那關於自然的虛僞的表象當做了補充，有時也當作了條件甚至於原因。但是，雖然經濟的必要是前進着的自然認識的主要推動力，而且永遠也會是如此，但如果有人想給這一切原始的愚想都歸到經濟的原因，那就未免迂陋了。科學的歷史，就是這種愚想被漸漸排除的歷史，是那新的比較不大荒誕的愚想來把它代替了的歷史。在這上面工作的人們，又是屬於分工的特殊的方面，並且還自以爲是開闢了一種獨立的領域。愈是讓他們在社會分工的內部形成了一種獨立的集團，那他們的產物，以及他們的誤謬，就愈是對於全社會的發展甚至於經濟的發展有着一種反作用的影響。但雖然如此，他們本身仍然是居於經濟發展的支配的影響之下的。例如在哲學裏，就布爾喬亞的時代來說，這種情形就最容易得到證明，霍布士是最初的近代唯物論者(指十八世紀而言)，又是當時的絕對主義者，而當時正是絕對君主制在全歐洲全盛的時代，在英國正是與民衆進行鬥爭的時代。洛克在宗教上和政治上都是一六八八年的

階級調和的產兒。英國的無神論者，和他們的澈底的推進者，即法國唯物論者，都是資產階級的正派的哲學家，法國唯物論者甚至於還是資產階級反革命的哲學家。在康德到黑格爾的德國哲學裏是貫串着德國資產階級俗物的性質——時而積極，時而又消極。但是，作爲一定的分工的領域，每一時代的哲學都得以一定的思想材料作爲前提，這材料是它從它的先行者繼承下來，而它就是從這裏出發的。於是就發生這樣的事：在經濟上落後的國家，常能夠在哲學上起領導的作用：例如十八世紀法國對於英國（法國人就是立足在它的哲學上的），後來德國對於前兩者。但不論在法國和德國，哲學仍是像每一時代的一般著作的繁榮一樣，都是一種經濟上的飛躍的結果。經濟發展的最後的至上權，我認爲在這些領域上仍是確立着的，不過它要通過個別領域本身所規定的條件而表現出來：例如在哲學裏，就表現爲在先行者遺留下來的現有哲學材料上所發生的經濟影響（它多半又是首先在政治等等的外衣之下作用着的）。經濟不會直接從本身創造什麽，而只是決定着現存的思想材料的改變和補充的方式，而這種決定，當它是作爲政治、法律、道德的反射（這一切對於哲學有着重大的直接的作用）時，也幾乎全是間接。

對於宗教方面，我在費爾巴哈論的最後一節裏已經把最必要的東西說過了。

因此，當巴特（Barth）以爲我們是把一切經濟運動本身的反作用都否定了時，他僅只是向風車格鬥罷了。他只要去看一看馬克思的布魯美爾十八日，那兒所說的差不多都是關

於政治上的鬥爭和事件所演着的特殊作用（自然是在它對於經濟條件的一般的從屬性以內的）。或者看資本論，例如在關於勞動日的一節裏，立法（這就是一種政治行爲）對於勞動日是起着多麼深刻的作用。或者看關於資產階級的歷史的一節（二十四章）。或者問爲什麼我們要爲着無產階級的政治上的專政而鬥爭，倘若政治權力在經濟上是無力的話，支配權力（這是說國家權力）也正是一種經濟上的勢力。

但我現在沒有時間來批評那本書※。第三卷必須要先弄出來，並且我相信，譬如伯因斯坦，也能夠把那件事完全處理好的。

這些先生們所缺少的，就是辯證法。他們常常只看見這裏是原因，那裏又是作用。他們一點也不知道這是一種空洞的抽象。在現實世界裏，這種形而上學的兩極對立，只存在於破局中，整個的大的進程是在交互作用（雖然是極不相等力的作用，雖然經濟的運動在這裏一直都是最强力的、最根源、最決定的）的形式中進行着，這裏沒有絕對的東西，一切都是相對的。他們看不見這些，對於他們，黑格爾是不存在的。……

※ 『那本書』是指巴特所著的『黑格爾的歷史哲學和一直到馬克思和哈特曼的黑格爾學派』。

8

恩格斯給斯他爾根堡的信

一八九四年一月二十五日於倫敦

（註）恩格斯這封信裏面答覆兩個問題：一，經濟關係是怎樣作爲原因而作用着？它對於發展算是一種充足的原因、根據、誘因和恆久的條件嗎？二，種族要素和歷史的個人究竟有着什麼樣的一種作用？

一，我們所謂的經濟關係（我們把它看做社會歷史的决定基礎），是一定社會的人類用來生產他們的生計並實行互相交換生產物（在分工存在着的情形裏）時的方法和方式。因此它裏面就包括着生產和運輸的全部技術。依我們的見解，技術又决定着交換的方法和方式，進一步又决定着生產物的分配，由此又决定着階級的劃分（在氏族社會解體以後），决定着支配和奴役的關係，决定着國家、政治、法律等。在經濟關係裏包含着的，還有地理的基礎（經濟關係就是在這上面活動着的），還有那以前的經濟發展階段在實際上傳留下來的殘餘（這殘餘之能保存下去常只是由於傳統或惰性力），自然也還有那從外面把這社會形成包圍着的環境。

如果像如你所說，技術是大部分從屬於科學的狀況，那末，科學的狀況還更甚的要從屬於技術的狀況和需要。倘若社會上有一種技術上的必要，那就比十個大學還更能推動科學前進。整個的靜水力學，都是由於十六和十七世紀意大利有整頓山岳上的洪流的需要而發達起來的。在電學方面，是自從它在技術上的有用性被發見了以後，我們才有了一些正常的東西。然而可惜，在德國，人人寫科學歷史的時候，總是慣於把它形容成天上掉下來的一般。

二，我們把經濟條件看做在結局上規定着歷史發展的東西。但種族也正是一種經濟的因素。在這裏有兩點是不能忽視的：

（一）政治、法律、哲學、宗教、文學、藝術等等的發展，都建立在經濟上。但它們在自己互相間和在經濟基礎上又都有着反作用。並不能說，經濟狀況就是原因，是唯一能動的，而其他一切都只是被動的作用，而是在結局上常常把自己貫徹着的經濟必然性的基礎之上的交互作用，例如國家，就通過了保護關稅、自由貿易、好的或者壞的財政制度而發生作用，甚至於就是那德國資產階級俗物們底從一六四八到一八三〇年德國的經濟窮乏狀況中發源出來的致命的輭弱和無能（這在最初，是表現爲虔敬主義，後來又成爲感傷主義和爬行的、對王侯和貴族們的屈服）也未嘗沒有經濟上的作用。它曾經是復興的最大障礙，後來革命的和拿破崙的戰爭把慢性的窮乏變成了急性，才算是把它動搖了。因此，像人們這樣那樣地隨意想像着的那經濟狀態的自動作用，是

沒有的，這裏有着的是人類自己創造自己的歷史，不過這創造是在一種所予的、有限制的環境之內，是在現存的事實關係的基礎之上，在這些關係裏，經濟關係雖然會從政治的和意識形態的關係方面而受到影響，但在結局上它是决定的東西，並且形成了貫串在它們中間的、唯一引導着人達到了解者的紅線。

（二）人們創造他們自己的歷史，但直到現在都還不是用全體的意志向着一個總計劃去創造，就是在一個有着一定範圍的所予的社會裏，也不是這樣做。他們的努力互相交錯着，就因此，使得一切這樣的社會裏都支配着必然性（它的補足和現象形式是偶然性）。這通過了偶然性而把自己貫徹着的必然性，結局又是經濟的東西。到這裏就可以討論到所謂的大人物了。一件這樣的東西，而且恰恰只有他在這一定的時間和這所予的國土裏出現，這自然是純粹的偶然。如果我們撇開這偶然，那就得需要補償，這補償是不論好壞都會出現的，不過要在長時期的繼續中出現。拿破崙，正是這克爾西加人，是這軍事的獨裁者，從自己戰爭中被創造出來的法蘭西共和國需要着他，這是偶然；至於缺少了一個拿破崙時一定會有人來代替他的位置，也是可以證明的，即只要是有需要的話，這樣的人是隨時都可以找到：不論是凱撒、奧古斯都、克倫威爾等。如果說，馬克思是發見了唯物論的歷史見解，那末，從梯里、米格納特、居左以及一八〇五年以前的全部英國歷史家那裏可以看出已經有人向這方面努力，而這同一見解之被摩爾根所發見，更證明這見解的成熟

時間已到，因此它就不能不被發見。

歷史上一切其他的偶然的東西和外表上的偶然的東西，都是這樣的。我們所研究的領域離開經濟益遠，並益更接近於純粹抽象的意識形態時，那就益更能讓我們看出，這些領域的發展中呈現着偶然性，而它們所循的路線也益更曲折。如果你把這路線的交叉軸線描畫出來，你就會看出：倘若所觀察的範圍益更長久，處理的領域益更擴大，那末，它的軸線就益更和經濟發展的軸線接近地平行地進行着。

正確認識的最大障礙，就是德國著作界裏對於經濟歷史的不負責任的忽視。事情的困難，不僅只在於要革除那在學校裏鑄打成了的歷史觀念，更困難的是要搜集那必要的材料。誰只要看看那老居里希的書，他在他的枯竭的材料堆裏竟包含着那樣多的用來解釋無數政治事實的題材！

最後我要說，馬克思在布魯美爾十八日所給予着的那優秀的範例，對於你提的問題已經有着很適切的教示。我還要說，在反杜林論第一章第九至第十一節、第二章第二至第四節以及第三章或序論裏，又在費爾巴哈論的最後一節裏，已經把所有的要點都確定着了。

9

恩格斯給梅林的信

一八九三年七月十四日

……意識形態是一種過程，這過程是憑藉着所謂思想家的意識來完成的，但所憑藉的是一種假的意識。推動着思想家的那本來的原動力，在思想家是意識不到的，否則就不會成其爲意識形態的過程。思想家所想到的常是假的或表面的原動力。

因爲它是一個過程，所以它的內容和形式，都是從純粹的思想（不論是思想家自己或他的先行者的）裏引導出來的。思想家憑藉着單單的思想上的材料來工作，他是毫不思索地把這材料當做從思想裏產生的東西，同時也不進一步去探究那比較離得遠的、不從屬於思想的過程，並且在他們看來，這好像都是自明的事情，因爲所處理的東西都是以思想爲媒介，因此也就好像都是在結局上以思想爲基礎的東西了。

歷史的意識形態代表者（這裏的歷史，是簡單地總括那政治、法律、哲學、神學的領域，一句話，卽屬於社會而不

僅只屬於自然的一切領域）——歷史的意識形態代表者就這樣在每一科學領域裏都有着一種材料，這材料從以前時代的思想裏獨立地形成起來，並在這互相連續的時代的頭腦裏構成一種獨立的、特有的發展系列。雖然如此，外部的事實（不論是屬於它本來的領域或其他的領域的事實）對於這發展仍是決定地起着作用，但這事實是作爲沉默無言的前提，甚至於它也就是一種思想過程的成果，於是我們就只好仍然停留在那（就是最堅硬的事實，也被它輕易的消化了的）思想的範圍裏。

這一種關於（國家憲法、法律系統、意識形態上的觀念等）各自領域上的獨立歷史的外觀，把所有的人們的眼睛都蒙蔽了。

如果說，路德和加爾文戰勝了官派的加特力教，黑格爾戰勝了費希特和康德，盧騷間接地以他的社會契約說戰勝了憲法上的孟德斯鳩，那末，這就是一種限定在神學、哲學、國家科學裏的過程，它呈現爲一種觀念領域的歷史之內的過站，且決不越出觀念領域一步。而自從關於資本主義生產的永久性和最後完成性的資產階級幻覺出現以後，重農主義對重商主義的克服以及作爲思想上的唯一勝利的亞當斯密，都不能算做變動中的經濟事實在思想上的反射，而只被看做對於恆常地普遍地存在着的事實條件的最後獲得的正確見解了。

倘若獅心王李查和菲力普·奧古斯丁（法蘭西國王）實行了自由貿易，而不是被捲入在十字軍中，那末，那五百年

的兵災和蠢事也許就可以省去了。

對於事情的這一方面（我在這裏對它只能約予提示）我覺得我們都沒有給予它所應該受到的重視。有一個舊的典故：在開始時形式常是比內容更被忽視。如像已經說過的，我就是做了這樣的事，而錯誤常常是在事後才暴露出來。

因此，我不僅僅是不能從上面的情形裏找出一種對你的責難，這樣的事，在我這樣一個比較年長的同罪者是不應該的，相反地——我只應該使得你在將來對於這一點注意一下。

意識形態代表者們的愚妄的觀念和這也有着關聯：因爲我們否認了意識形態的各種各樣的方面（它們在歷史上都有着一種作用）獨立的歷史的發展，於是也否認了它們的歷史的活動。這就是由於把通常的關於原因和作用的非辯證法觀念當作了殭硬的互相對立的兩極來看的緣故，由於對交互作用的絕對忽視的緣故；一種歷史的契機依據着其他的最後依據着經濟的事實而一度出現到世界上來時，它就能反作用於它的環境甚至於它本身的原因，這一點，先生們常常是完全故意地把它忘了，例如巴特在他的著作第四七五節裏講到僧侶和宗教的地方。……

論愛爾蘭問題*

——柯柏年譯——

1

恩格斯致馬克思的信

一八五六年五月二十三日於曼徹斯特

在我們旅行愛爾蘭時，我們從都柏林到西海岸的加爾威，再朝向內地北行，達里摩黎克，沿善農河而下抵塔柏特、特拉里、基拉尼，再返到都柏林來。一共在該國本身跑了四百

＊　這裏所重印的馬克思和恩格斯討論愛爾蘭問題的三封信，是他們在民族問題上所採取的政策之古典的例子。關於馬克思和恩格斯對愛爾蘭問題所採取的立場，列寧說過了這樣的話：

『馬克思和恩格斯在愛爾蘭問題上，也實行了澈底的無產階級的政策，這個政策眞正以民主主義和社會主義的精神教育羣衆。只有這個政策，能使愛爾蘭和英國都不至於將必要的改革延遲五十年，不至於由自由派爲反動勢力着想而來損傷這種改革。

馬克思和恩格斯在愛爾蘭問題上的政策，做了一個最偉大的、至今還有巨大的實際意義的榜樣，指示壓迫民族底無產階級應當怎樣對待民族運動，警戒他們不要沾染各個國度、各個人種以及說各種語言的小資產階級所持有的那種「奴隸式的急燥性」，這些小資產者手忙脚亂地認爲誰要是把由某一個民族中的地主和資產階級底暴力和特權所造成的國界加以改革，誰就是「空想家」。

到五百英里；我們所看到的地方，約佔全國底三分之二。都柏林具備着曾爲小帝都的性質，而且全都是英國作風的建築，都柏林與倫敦的關係，正如杜塞爾多夫與柏林之關係一樣，除了都柏林之外，全國底外觀，尤其是都市，都與法國或意大利北部極相似。憲兵、牧師、律師、官僚、紳士，是多得很，而任何工業却完全沒有，所以，如果沒有看到另一方面的情形，卽農民底窮困，那就很難明白所有這些寄生物是依靠什麼而生活的了。全國隨處都可見到『高壓手段』，政府對於一切事情都干涉，所謂『自治』，是連一點影子也沒有。我們可以把愛爾蘭看做英國底第一殖民地，因爲接近於英國，所以還是照着老方法直接統治着。我們在這裏就已經可以看到英國公民底所謂自由，是以對殖民地之壓迫爲基礎的。我從沒有在任何國度中看見有這麼多的憲兵；這裏的拿着短槍。刺刀和手銬的警察，把普魯士憲兵的縱酒的容態，發展到其最高峯。

這個國度底特色，就是遍地廢墟，最古的是從第五和第六世紀遺留下來的，最近的是從十九世紀遺留下來的——還有從介乎這兩個時期的許多中間時期遺留下來的。最古的，都是些教堂；在一一〇〇年以後的，是教堂和城堡；在一八

愛爾蘭的和英國的無產階級，如果沒有採納馬克思底政策，沒有把愛爾蘭獨立作爲自己的口號，他們就犯了最惡劣的機會主義的錯誤，忘記了民主主義者和社會主義者底任務，而向英國反動勢力和資產階級表示了讓步。』（『列寧全集』第十七卷，『論民族自決權』）
——編輯部註

○○年以後的，是農民底房屋。整個的西部，尤其是加爾威附近，隨處都是這些破碎的農民房屋，大部分是在一八四六年以後才遺棄的。我從沒有想到饑荒會有這麽顯明的現實性。整個的村子是荒廢了，而在這些荒廢的村子之中間，是小地主底美麗園邸。依然住在那一帶地方的，差不多就只有這些小地主，他們大都是律師。饑荒，移民，和清理債務，合力造成了這種狀態。在田野間，連牲畜的影子也沒有看到。土地完全是荒地，誰都不要。在加爾威以南的克勒郡，情形就比較好，那裏最少是有一些牲畜。向着里摩黎克的小山，大部分是由蘇格蘭的農民耕種得極好，廢墟已被掃除，該地的外觀是富裕的。在西南部，有許多的山和沼，但也有茂盛得驚人的森林，在其後面是很好的牧場，尤其是在蒂帕累利，和向都柏林一帶的土地，我們可以看出是逐漸落入富農之手。

英國人的從一一○○年到一八五○年的侵略戰爭（戰爭與包圍狀態兩者的時期，確有這麼長久），使土地完全荒廢了。廢墟大部分是戰爭時期的破壞所造成的；這是一件事實。愛爾蘭人民底特殊性格，就是由此得到的。他們雖然具有愛爾蘭民族的狂熱性格，但他們在自己的國內，已不再覺得是在自己的家鄉了。愛爾蘭是爲着撒克遜人的！那種情形，現在是已實現。到愛爾蘭來的英國人，不論在那一方面，都有比較優越的手段；愛爾蘭人知道他們不能與英國人競爭。愛爾蘭人將繼續離開祖國而移居海外，直至愛爾蘭人口底克勒特（celt）的性質——愛爾蘭人口，主要是，實在

差不多完全是屬於克勒特民族——完全消滅爲止。愛爾蘭人常有所圖謀，但不論是在政治上或在產業上，每次都被壓倒。由於一貫的壓迫，人爲地把他們變成一個完全墮落的民族，他們現在担負着一種惡名昭彰的職務，卽以娼妓、臨時僱工、姘頭、竊賊、欺詐者、乞丐和別種流氓，供給英國、美國、澳洲和其他地方。貴族階級也具有這種墮落的性格，所有別國的地主，都具着資產階級的品性，但愛爾蘭的地主是完全墮落的。他們底鄉間住宅，有巨大的奇麗的花園環繞着，但其四周圍都是些荒地，可以供給他們錢的地方，是完全看不見的。這些人都應該槍斃。他們是混合種，大都是高大的、強壯的美男子，在羅馬風的巨大的鼻子下面，留着很密的鬍子，裝成退職大佐底軍人風調，旅行於國內各地以追求各種各樣的享樂。如果我們調查一下，他們是連一個銅板都沒有，債台高築，而在因負債而落入法庭去底恐怖中過活。……

2

馬克思致顧格曼的信

一八六九年十一月二十九日於倫敦

您或許已在人民國家上看到我所提出的關於愛爾蘭大赦問題的反對格蘭斯頓的決議＊。我現在像從前攻擊派麥斯頓（Palmerston）一樣地攻擊格蘭斯頓——這已在此地引起了

＊ 這是指馬克思於一八六九年十一月末在第一國際底總委員會上提出他的關於愛爾蘭問題的決議案時的演說，他的決議案經過了長時間的熱烈的辯論，由全體通過。這個決議案，歡迎愛爾蘭人的爭求大赦——赦免那些爲爭求愛爾蘭民族解放而被禁錮的領袖們——的奮鬥；抗議英國首相格蘭斯頓底行動，他『提出一些條件，以妨害政治大赦之實行；他所提出的條件對於惡劣政府底犧牲者，以及對於這些犧牲者所屬的人民，都是侮辱的』。

——編輯部註

一八六九年十一月十八日，馬克思寫信給恩格斯說，他在第一國際底總委員會上關於英國內閣對愛爾蘭大赦的態度問題，講了一點一刻鐘的話，並提出以下的決議：

『議決，

格蘭斯頓先生在答覆愛爾蘭人要求釋放被禁的愛爾蘭愛國志士時——他的答覆，是見於他寫給烏西亞諸人的信中——是故意侮辱愛爾

人家的注意。這裏的亡命的煽動家，喜歡在離得老遠的地方，攻擊歐洲大陸的專制君主。這一類的事情，只是暴君在當前的時候，才會引起我的興趣。

蘭民族的；

他提出一些條件，以妨害政治大赦之實行，他所提出的條件，對於惡劣政府底犧牲者，以及對於這些犧牲者所屬的人民，都是侮辱的。

格蘭斯頓身居負責地位，竟當衆熱烈慶祝美國奴隸主人底叛亂，現在又向愛爾蘭人民宣傳消極服從的學說；

他對於愛爾蘭大赦問題的全部政策，就是「侵掠政策」底眞正表現，格蘭斯頓在過去是會以斥責這種政策，而把敵黨（保守黨）底內閣推翻的。

國際工人聯合會底總委員會對於愛爾蘭人民之如此勇敢堅決而高尙地進行要求大赦的運動，表示欽佩；

本決議案應通知國際工人聯合會各支部以及與它有聯繫的歐美各國一切工人團體。』

一八六九年十二月十日，馬克思寫道，他在第一國際底總委員會上關於愛爾蘭問題的報告，其要點將如下述：

『英國工人階級底直接的絕對的利益，要求他與愛爾蘭斷絕現有的關係，這完全與替愛爾蘭主持公道的各種「國際主義的」和「人道主義的」空話無弱，因爲這在國際工人聯合會的總委員會內都是視爲當然的。這是我的極深刻的信念，這個信念所根據的理由，有一部分我是不能向英國工人宣佈的。我在許久時期內認爲英國工人階級得到政權，可以推倒愛爾蘭所受的壓制；我在「紐約論壇」（這是馬克思所投稿的一份美國報紙）上總是發表這個觀點。但是更深刻地研究了這個問題的時候，却使我相信相反的情形：英國工人階級在未解脫愛爾蘭以前，便不能有所成就……英國內部的英吉利反動勢力，其根源就是在於愛爾蘭之征服。』

——譯者補註

我關於這個愛爾蘭大赦問題之發言，以及我再進一步向總委員會提議對英國工人階級與愛爾蘭之關係加以討論並作一決議，除了大聲爲被壓迫的愛爾蘭人堅决反對他們的壓迫者之外，當然是還有別的目的的。

我日益確信——唯一的問題是使英國工人階級明瞭這個道理——英國工人階級在將他對愛爾蘭所採取的政策很明確地從支配階級底政策分離開來以前，在他不只與愛爾蘭人攜手、並且實際發動解散一八〇一年所建立的聯合※而代之以自由的聯盟關係以前，他們在英國就不能有什麼重大的進步。這是必須做的；這不只是對愛爾蘭表同情之問題，而是爲無產階級利益的一個要求。如果沒有這樣做，英國的人民就將依然受支配階級所操縱，因爲英國的人民一定與支配階級聯合來共同反對愛爾蘭。在英國本國的每一次工人運動，都因爲與愛爾蘭人——愛爾蘭人在英國工人階級中佔極重要的部分——分裂，以致沒有力量。在英國的解放底**第一條件**——即推翻英國的地主寡頭政治——依然是不可能實現，因爲當它還保持其在愛爾蘭的堅固的前哨時，就不能撼動它在英國的地位。但是，一旦愛爾蘭的事情由愛爾蘭人民自己掌握，一旦他自己制定自己的法律和决定自己的統治者，一旦他成爲自主的，那末廢除地主貴族政治（愛爾蘭的地主大部分也就是英國的地主）將比英國容易得多，因爲在**愛爾蘭**，

※ 在一八〇一年，英國國會通過『聯合法案』，廢去愛爾蘭國會，把愛爾蘭變成完全附屬於英國。——編輯部註

這不只是一個單純的經濟的問題，而同時也是一個民族的問題；因爲在愛爾蘭的地主並不與英國的地主相同，在英國的地主是傳統的貴人和國家的代表，但在愛爾蘭的地主却是全民族所痛恨的壓迫者。英國與愛爾蘭的現在的這種關係，不單是妨害了英國的內部的社會發展，而且妨害了英國的外交政策，尤其是對俄和對美的外交政策。

但因爲英國工人階級一般社會解放底天秤盤中，無疑地是有着決定的重量，所以，這裏就一定要使用槓杆。實在說起來，在克倫威爾統治下的英國共和國，是在愛爾蘭觸礁沉沒的※。不要再蹈覆轍！愛爾蘭人選舉『重罪犯人』盧沙(Odouau Rossa)※※爲國會議員；這是對英國政府開了一個大玩笑。政府的機關報已恐嚇說要重又廢止『人身保護令』(Hobeas Corpus Act)※※※重又恢復『恐怖制度』。在事實上，當現在的這種關係存續着的時候，英國除了以最殘暴

※　當英國資產階級革命時，一六四一年愛爾蘭發生暴動，結果愛爾蘭有一大部分與英國完全斷絕關係。克倫威爾到一六四九年才把這個暴動鎮壓下去。愛爾蘭底『平定』，是以空前的殘酷辦到的：以大量沒收愛爾蘭人民底土地爲結束，把沒收的土地，賞給克倫威爾底軍隊底士兵和軍官；也以土地償付軍用品底供給者。這一切，使愛爾蘭人變爲英國共和國底反對者，變爲英國革命底最積極的反對力量。

——編輯部註

※※　盧沙是愛爾蘭的政治家和新聞記者。一八六五年，他在都柏林創辦了『愛爾蘭人民』，是愛爾蘭民族的革命團體『芬尼會』底機關報。他爲了這份報紙帶着革命傾向而被判處終身徒刑。在一八六九年，蒂帕累利的地方選舉他爲國會議員。政府宣佈選舉無效，但把他釋放，他乃移居於美國。

——編輯部註

的恐怖手段和最可惡的舞弊營私來統治愛爾蘭之外，從沒有以別的方法也不能以別的方法，來統治愛爾蘭。

※※※　一六七九年，英國國會通過了『人身保護法』，規定逮捕時必須有逮捕命令，而且在短期間內必須解送法庭審判，否則釋放。
——編輯部注

3

馬克思致邁爾與符格特的信

一八七〇年四月九日於倫敦

……我研究愛爾蘭問題※多年之後，達到了這樣的一個結論，即：不在英國，而只有在愛爾蘭，才能給英國統治階級以決定的打擊（這對於全世界的工人運動說，也是決定的）。在一八六九年十二月一日，總委員會發出了一張秘密的通告※※談到愛爾蘭民族鬥爭與工人階級解放之關係，因而談到國際工人聯合會對愛爾蘭所應取的態度；這通告是我用法文（因爲對英國發生反響的，德文報紙並不重要，只有

※ 在一八五三年，馬克思早巳就開始注意愛爾蘭問題，他在『紐約論壇』發表了好幾篇論文，論及英國對愛爾蘭之剝削。恩格斯在他底第一部著作『英國工人階級底狀況』中，也已詳細說及愛爾蘭問題了。

——編輯部註

※※ 馬克思在一八六九年十一月六日的總委員會會議中把愛爾蘭問題提到議事日程上。馬克思將這個問題與鼓動大赦被禁的愛爾蘭芬尼黨人，一同提出。這封信所提及的通告，沒有保存下來。

——編輯部註

法文報紙才重要）寫成的。我在這裏很簡單地把主要點對您們說一說：

愛爾蘭是英國地主貴族政治底堡壘。愛爾蘭底剝削，不只是他們的物質的財富底主要來源，而且是他們底最大的道德的力量。他們，在事實上，是代表着英國之統治愛爾蘭。因此，愛爾蘭是英國貴族政治藉以維持其在英國本國的統治之主要手段。

在另一方面，如果英國的軍隊和警察明天從愛爾蘭撤退，愛爾蘭立即就會發生農民革命。但是，在愛爾蘭的英國貴族政治被推翻了，就使在英國的貴族政治也不得不崩潰，這就完成了英國無產階級革命底前提條件。在愛爾蘭破壞英國貴族政治，比較在英國本國破壞貴族政治，是容易得無限，因爲土地問題一向就是愛爾蘭的社會問題底唯一形態，因爲這個問題是愛爾蘭絕大多數人民的生存問題，死活問題，而且因爲這個問題同時是與民族問題分不開的，更不必計算愛爾蘭人底性格是富於感情的，是比英國人更富於革命性的這一點了。

至於資產階級呢，第一，他們與貴族有共同的利益，都要把愛爾蘭變爲只是一個牧場，以最廉的肉類和羊毛供給英國市場，所以，他們是利於減少愛爾蘭的人口，用沒收土地和強制移民的方法把人口減少到這樣的一個程度，使得英國資本（租地資本）能『安全』地在這個國度中發揮其機能。他們對於在愛爾蘭的田莊清掃（即把農民從他們的土地趕出來——譯者註），是與他們過去在英格蘭和蘇格蘭底農業區

域的田莊清掃，有同一樣的利益。※六千至一萬金磅的不在地主的收入和其他的從愛爾蘭來的收入，現在每年流入倫敦，都同樣是應該計及的。

但是，現代的愛爾蘭的經濟，對英國資產階級還有更重要得多的利益。

由於租地不斷增長的集中，愛爾蘭就把其不絕的過剩人口供給英國勞動市場，因而使英國工人階級底工資以及其物質的和道德的地位不得不降低。

最重要的是英國每一個工業中心和商業中心，其工人階級，現在都分裂成兩個敵對的陣營——英國無產階級和愛爾蘭無產階級。英國的普通工人，仇恨愛爾蘭工人，把愛爾蘭工人當做抑低了他的生活程度的競爭者。對於愛爾蘭工人，他覺得自己是統治民族底一員，因此成為貴族和資本家對付愛爾蘭之工具，這樣就鞏固了貴族和資本家對他自己的統治。他抱着歧視愛爾蘭工人的宗教的社會的和民族的偏見。他對於愛爾蘭工人的態度，與美國從前蓄奴的諸邦中『貧窮的白種人』※※對於黑人所抱的態度是差不多一樣的。愛爾蘭人呢，他用自己的貨幣，連本帶利地償還英國工人。他視英國工人是在愛爾蘭的英國統治底共犯者及其愚蠢的工具。

※　關於英格蘭和蘇格蘭底農民階級底土地沒收過程，請閱『資本論』第一卷，第七編，『所謂原始集積』。——編輯部註

※※　這是指從前蓄奴的南部諸邦中的無產階級和貧農。——編輯部註

報紙、講壇、漫畫、雜誌，簡言之，統治階級所能指揮的一切手段，都盡力使英國工人與愛爾蘭工人之間的敵對不消滅，而反更加厲害。英國工人階級雖有組織，但沒有力量，其秘密就在於英國工人與愛爾蘭工人之敵對。資產階級之所以能保持其權力，其秘密也在於此。資產階級對此是很知道的。

可是，禍害並不止於此。它還渡過大西洋。英國人和愛爾蘭人之間的敵對，是美國與英國之間的敵對底隱伏的基礎，※它使英、美兩國底工人階級，沒有可能誠心眞正合作。它使英、美兩國底政府，能夠在他們認爲適宜的時候，以他們的互相的威嚇，如果必要時，就以兩國間的戰爭，來減殺社會鬥爭底銳鋒。

英國是資本底首都，一向統治着世界市場的就是英國。在目前，就工人革命來說，英國是最重要的一國；工人革命底物質條件已經成熟到一定程度的，只有英國。所以，促進英國底社會革命，是國際工人聯合會底最重要的目的。促進

※　英國在愛爾蘭採行殖民地式的剝削，致使愛爾蘭的村子完全貧乏化，農民如果不願餓死於家鄉，就一定要拋棄家鄉而移居海外。在一八四六年，愛爾蘭人口是八百萬，到十九世紀末就降爲四百五十萬左右。在一八五一年到一九〇五年之間，愛爾蘭人移居於美國的，爲數不止四百萬。他們構成美國人口——尤其是在美國工人階級隊伍中——之很大的部分。他們還保持其對英國壓迫者的一切仇恨。美國的資產階級，容許愛爾蘭內革命的謀叛的團體在美國成立組織，常常利用這種民族的仇恨，以對付美國內部的階級鬥爭，也以此爲武器來反對英國。

——編輯部註

英國社會革命之唯一手段，就是使愛爾蘭獨立。

所以，國際工人聯合會底任務，就是隨處都把英、愛的衝突放在前面，並公開贊助愛爾蘭，在倫敦的中央委員會底特殊任務，是要在英國工人階級中喚起這樣的一種意識，即，愛爾蘭民族解放，對於他們，並不是一個抽象的正義或人類的同情之問題，而是他們自己的社會解放底第一條件。……

附　　錄

恩格斯致考茨基論殖民地的信*

一八八二年十一月十二日於倫敦

……依照我底見解，本來的殖民地，這即是說，由歐洲的人民所佔有的那些地方，如加拿大、好望角、澳大利亞，都將變成獨立的；在另一方面，那些由土人居住着而只是被統治的地方，如印度、阿爾及尼亞、荷蘭領地、葡萄牙領

* 列寧在他的著作『關於民族自決問題的辯論底總結』中，分析恩格斯在這封信中討論無產階級奪取政權並建立無產階級專政之後對於殖民地的人民應採取什麼政策這個問題所說出的意見，而且把恩格斯底意見發揮起來。列寧說：

『恩格斯決不會以爲單是「經濟的」要素就將直接把一切困難都掃除。經濟的革命將使一切的民族都轉向於社會主義；可是，同時，革命——反對社會主義國家的——與戰爭也是可能的。政治不可避免地要順應着經濟，但並不是立刻地、平滑地、簡單地和直接地。恩格斯「所確知的」，只是一個徹頭徹尾國際主義的原則，他把這個原則應用於一切的「外國民族」，這即是說，不單是應用於殖民地民族；——這個原則就是：把幸福强給外國民族，必把無產階級底勝利葬送掉。

無產階級實行了社會革命，並不因此就變成神聖的和不易犯錯誤

地和西班牙領地，必須暫時由無產階級接收過來，引導它盡可能地迅速完成其獨立。這個過程將怎樣進展，是很難說的。印度也許將發生革命；這實在是很有或然性的事，自己已爭得解放的無產階級，不能進行任何殖民地戰爭；因此，一定是容許印度的革命。印度革命時，當然是免不了有各色各樣的破壞，但這一類的事情是與一切的革命都分離不開的。在別的地方，如阿爾及尼亞和埃及，都可發生同樣的事情。對於我們，這當然是最好的。在本國已有許多的事情夠我們幹了。歐洲先改組，然後北美；歐洲和北美就將產生非常巨大的力量，並將樹立了這樣的一個先例，使得半文明的諸國，將自願倣傚。單是經濟的需要，就會使這些半文明國這樣做的。但是，這些國度要先經過什麼社會階段和政治階段，然後才同樣達到社會主義的組織，我以為我們在今日只能提出空洞的臆說。只有一件事情是確定的：勝利的無產階

並沒有弱點的。但是，可能的錯誤（和自私自利——企圖損人利己）將使他們不能避免地領會這個眞理。

我們齊美瓦德左派都確信，如在一九一四年還沒有離棄馬克思主義而轉向去擁護沙文主義之前的考茨基所確信的，即：在最近的將來——或者，如考茨基所說的，「今天明天」——社會革命是很可能發生的。民族的反感，不會很快就消滅：被壓迫民族對於壓迫民族之怨恨——這種怨恨是很正當的——將繼續留存一個時間；只在社會主義勝利之後，只在最後建立起各民族間的完全民主的關係之後，才會消滅。如果我們想要忠實於社會主義，我們現在就要進行事業底國際主義的教育，但要在壓迫民族中進行這種教育，如果不宣傳被壓迫民族有分離之自由，那就不可能了。』（『列寧全集』第十九卷）

——編輯部註

級，不能把任何種幸福，強給任何外國；如果這樣幹，那就未有不把牠自己的勝利葬送掉的。這當然不是連各種的防禦戰爭也不許。……

馬恩論俄國

——歐林譯・徐冰校——

1

馬克思致左爾格的信

一八七七年九月二十七日於倫敦

……這次事變※※是歐洲歷史底新轉機。俄國——我從官方和非官方的俄文材料中研究了俄國底狀況，（官方材料只有少數人能夠看到，可是我從彼得堡的朋友處得到了）。

※　在研究土地問題中，馬克思非常注意俄國的探討，它的經濟，它內部的階級力量底對比以及俄國革命前途的分析。俄國使馬克思和恩格斯發生了興趣，因為它是在歐洲政治上起着顯著作用的一個國家。反動的沙皇政府盡着歐洲底國際憲兵的作用。在馬克思和恩格斯計算中的成熟着的俄國革命形勢開展着一個有强大威力的革命底前途。所有這一切都推動他們對俄國的特別仔細的研究。

『我為了要能够從專門知識上來判斷俄國今日經濟發展底根源，我學習了俄文並且長年地研究了與這些材料有關的官方的以及其他俄文的出版物。』（馬克思一八七七年底致『祖國拾零』（"Otetsch-estwennyje Sabiski"）（編輯部）

恩格斯說馬克思比任何人都認識與了解俄國。

馬克思在他的信裏再三地指出在俄國正在形成中的革命形勢底高度發展以及俄國革命底國際意義。下面是關於這個問題一些摘錄。

『在俄國革命運動比在其他整個歐洲更向前開展——馬克思在一

——早已就站在革命底門檻上；一切因素都具備了。英勇的土耳其人經過他們不但給與了俄國軍隊(和俄國財政)並且給與了統帥軍隊的王朝（沙皇王位繼承者和六個其他的羅曼諾夫皇族）的打擊把爆發加速了幾年。革命運動很技巧地從立

八五九年十二月十三日寫着——一方面是立憲運動的貴族反對沙皇，農民的立憲運動反對貴族……。下次革命到來的時候，希望俄國一同革命化』。（『馬克思一八五九年十二月十三日致恩格斯』，『馬恩全集』，德文版，三集二卷四四八頁）

關於『下次革命』這裏是指全歐洲的革命及世界革命。一八八二年一月在『共產黨宣言』俄文譯版底序言中馬克思和恩格斯公開聲明：『俄國形成着歐洲革命運動底前驅』。

馬克思所說的革命不僅指俄國而言，這從他一八六三年二月十三日致恩格斯的信中可以看出，那兒寫道：『你對於波蘭的事件怎樣？（指波蘭的暴動——編輯部）革命底時代現在在歐洲又眞正地展開了，這一點已是確切的。希望火山底烽焰這次從東方燃到西方來，而不是相反的，這樣我們將會省去法國創機底「榮譽」。』（『馬恩全集』，德文版，三集第二卷一二六頁）馬克思如何恰當地預言了俄國革命的具體條件，可以從他在剛剛爆發的普法戰爭底事變後所說的話中看出。在一八七〇年八月八日他寫給恩格斯說：

『正像拿破崙第三在一八六六到一八七〇年所做的一樣，俄國將與普魯士欺詐，以便在土耳其方面得到讓步，然而所有這些欺詐，雖然有霍亨楚倫底俄羅斯宗教，最後必將以欺詐者之間的戰爭爲結束。』（『馬恩全集』，德文版，三集四卷三五八頁）

在同年九月一日馬克思寫給左爾格說：

『這次的戰爭同樣必然地要引起德國與俄國的戰爭，正像一八六六年的戰爭引起了普魯士與法蘭西間的戰爭一樣，這是普魯士的蠢人們所看不到的。這是我對德國所希望的最好的結局。這特有的『普魯士主義』除了與俄國聯盟以及聽命於俄國外，是從來沒有其他形式存在過，也從不會以其他形式存在的。而这样一

澈底把戲開始，它將會發生了好大的騷動呢。如果大自然母親不是對我們特別不利，我們還能經歷歡祝呢！俄國大學生們幹的那些蠢事只是一個徵兆，它本身是毫無價值的。但是它是一種徵兆。俄國社會底一切階層在經濟上、道德上及知識上都處在完全的解體中。

這次，革命從東方開始了，那兒向來是反革命之不可攻破的堡壘和後備軍。

俾斯麥先生很有味道地旁觀着這次的打擊，但是它不應走得太遠。太把俄國削弱了，它就不能像在普法戰爭中再把奧大利牽制※※※住！如果在那兒甚至發生了革命，那末，那裏還有霍亨楚倫王朝底最後保證呢？

在目前，一切都決定於波蘭人（在波蘭王國裏）要屈服一下。在那邊目前千萬不要有暴動！不然，俾斯麥立刻就會加入干涉，而俄國的沙文主義又會站在沙皇方面去了。相反地，如果波蘭人安靜地等待着，到彼得堡和莫斯科都燃燒

個第二號的戰爭在俄國將要成爲不可免的社會革命底收生婆。』

四十七年以後，馬克思的這一預言完全實現了。在這一問題上馬克思和恩格斯在他們的一些表現中曾有一個錯誤，即是他們把革命的時機估計早了。但是這個在革命開始的問題上的錯誤並不妨礙對於形勢底一般的診斷，俄國革命底動力、性質以及它的國際意義的估計是完全正確的。

在這裏我們發表一封馬克思論俄國的信和恩格斯一八七五年反駁托卡秋夫的文章。　——編輯部註

※※　指一八七七年俄土戰爭。　——編輯部註

※※※　俄國在普法戰爭中不但對普魯士守了中立　而且也強制奧大利與義大利守中立。　——編輯部註

起來，那末俾斯麥就會以救世主自居而加進來，那末，普魯士就找到了——它的墨西哥※！

我向我所接觸的在他們的同鄉中有影響的波蘭人再三再四地極力說明了這一點。

法國事變 ※※ 比之東方的事變只是一個完全次要的事件。然而我們仍然希望資產階級共和國得到勝利，或者是舊把戲又重新開始，無有一個民族能夠屢次重復這種傻事的。

※ 這是把拿破崙第三於一八六一——一八六三年對墨西哥的遠征爲引諭，他想藉着向殖民地的冒險行動來鞏固他的第二帝國之動搖的基礎。起初由英國和西班牙參加的武裝干涉，是意欲援助墨西哥的反革命勢力，以反抗一八五七年在墨西哥創立的資產階級共和國。

失敗了的墨西哥冒險行動毀壞了法國、英國和美國間的關係，因此供給共和主義反對派以新的激發資料。 ——編輯部註

※※ 係指一八七七年法國政治鬥爭的尖銳化。五月十六日，法國底反動總統麥克馬翁（Mac Mahon）違反着國會底意志，委任保皇黨人德。布羅利組織內閣。他解散了反對派的議會，下令舉行選舉。選舉舉行於一八七七年十月，雖然有政府恐怖政策，選舉結果共和主義者仍佔多數。 ——編輯部註

2

俄國社會狀況

恩格斯

以下的文章是在我和一位託卡秋夫先生一次論戰的機會中寫下來的。在一篇評論倫敦出版的俄文雜誌前進的文章中（登在人民國家一八七四年第一一七及一一八期上）我附帶地提及這位先生底名字，但是却惹起他的尊貴的敵視。託卡秋夫先生毫不猶豫地發表了一篇給弗列德力克．恩格斯的公開信（蘇黎希一八七四年），在這封信裏面，他說給了我許多奇怪的事情，以後針對着我的顯著的無知，他就極力把他自己對於這些事物底眞相和對於俄國社會革命前途的意見說了出來。這篇大作底形式以及內容都帶着一般的巴枯寧的印章。因爲它是用德文發表的，所以我認爲有在人民國家上面答覆它一下的價值。（參看亡命者文學四號及五號，以及人民國家三十六期以下各期）。我底答辯中第一部分主要是敍述文化鬥爭中底巴枯寧方式，這種方式底內容就簡單地在於給敵人披上一件直接造謠中傷的大衣。經過在人民國家上的刊登，這主要是個人方面的部分已經作的很夠了。因此在

這裏我删去了它，而在書店所希望的單行本中只留下第二部分，這一部分主要是研究從一八六一年以來，即從所謂農奴解放以來所形成的俄國社會狀況。

俄國事物底發展對於德國工人階級有着極大的重要性。現今的俄羅斯帝國形成了一切西歐反動之最後的支持者。這在一八四八和一八四九年極確切地表現出來。因爲德國在一八四八年錯過了使波蘭暴動和進行反對俄國沙皇戰爭的機會（如像新萊茵報自始至終所要求的），所以這同一的沙皇到一八四九年便能夠把一直前進到維也納大門口的匈牙利革命打擊下去，到一八五〇年他又能在華沙裁判奧地利、普魯士和德意志底各小國，並且把舊的聯邦議會※恢復起來。還在幾天以前——一八七五年五月初——俄國沙皇完全和二十五年以前一樣在柏林受領了他的附從國底恭順，證明它在今天也還是歐洲底裁判者。在現存的俄羅斯國家還存在着的時候，無有一個革命在西歐能夠徹底勝利。可是，德國是它最近的鄰國，俄國的反動軍隊第一個反擊便會落在德國身上。因此，俄羅斯沙皇政權底顛覆，俄羅斯帝國底解體，是德國無產階級最終勝利底主要條件之一。

但是，這一顛覆决不是非從外面引起不可的，雖然外來

※ 一八四八年革命以後，普魯士企圖組織一個在它領導下的德意志各部底聯盟。一八五〇年組成了包括十九邦的『普魯士聯盟』。俄羅斯和奧地利破壞了這一計劃。一八五〇年十月在華沙，十一月在奧爾米茨，普魯士在俄國沙皇底壓力之下放棄了這一計劃。以後經過許多戰爭普魯士才得到了這一領導權。 ——編輯部註

的戰爭能夠大大地加速沙皇政權底顛覆。在俄羅斯帝國內部的本身存在着有力地促使它滅亡的因素。

第一個因素便是波蘭人。他們經過百年之久的壓迫已經處在這樣一種環境，或者他們起來革命，援助一切西方眞正的革命暴動做爲波蘭解放的第一步，或者就只有淪亡。而目前他們正處在這樣一個境況，他們只有在無產階級陣營裏能夠找到他們西歐的同盟者。近一百年來，他們經常地被西方一切資產階級政黨所出賣。在德國，一般地自一八四八年起才算數上了資產階級， 而從那時起 ， 他們是經常敵視波蘭的。在法國，一八一二年拿破崙出賣了波蘭，而正因爲這次出賣，他的遠征、皇冠和帝國都失掉了；一八三〇和一八四六年的資產階級君主國，一八四八年的資產階級共和國，克里木戰爭和一八六三年的第二帝國都踏了他的覆轍。誰都這樣卑鄙地出賣了波蘭。而今天法國急進的資產階級共和派仍然還匍匐於沙皇前面，希望用一次對波蘭的新出賣來換得一個反普魯士的報復聯盟，完全像德意志帝國底資產階級把這同一沙皇當做歐洲和平底保護者，這就是說德、普合併底保護者來崇拜一樣。波蘭人再無有像在革命工人那裏能找到忠實的無顧慮的支點了，因爲兩者對於共同敵人底顛覆有着同一的利益，因爲波蘭底解放和這一顛覆有相同的意義。

然而，波蘭人底活動是一種地域上限制了的。它被限制在波蘭、立陶宛和小俄羅斯；而在俄羅斯帝國本來的核心，大俄羅斯，它底作用則等於零。四千萬大俄羅斯人是一個太大的民族，而且經過了太特殊的發展，一種運動從外面不能

強迫它們。但是這也是不必要的。實際上，俄國底人民大衆，農民，已經好幾世紀以來，就世世代代癡癡地生活在一種脫離歷史的停滯之中。而唯一能夠暫時中斷這種荒漠狀況的變動，便是個別的毫無效果的暴動，以及貴族與政府之新的壓迫。經過農奴制度之再不能延遲的廢止和封建徭役底解除——這是一種用極度狡猾的方式推行的制度，它使多數的農民以及貴族走向了必定的破產——，俄國政府自己把這種脫離歷史的狀態結束了（一八六一年）。因此，俄國農民目前所處的環境自身把他們推進運動中去，這個運動當然還在剛剛形成中，但是它由於農民大衆日漸惡化的經濟狀況會不停止地發展着。農民底怨憤的不滿，現在已經是政府以及一切不滿意者和反對黨所必須估計的事實了。

從這兒申引出，如果下面說到俄羅斯，那末不是指俄羅斯帝國全部，而是專門指大俄羅斯，這個區域最西的省份是普斯可夫和斯姆倫司克，其最南省區是庫爾斯克和弗洛內斯。

在這個題目上，託卡秋夫先生告訴德國工人說，我在俄國問題上不但是『知識有限』，並且除了『無知』以外，一無所有，因此他感覺到有向他們解釋事情眞相的必要，特別是要解釋爲什麼目前在俄國易如反掌地比西歐還要容易得多地實行一個社會革命的理由。

『在我們這兒，沒有城市無產階級，這固然是眞的；正因爲如此，我們也沒有資產階級……我們的工作只需要同政治的力量作鬥爭——資本底力量在我們這兒還只是在萌芽中。而你，我的先生，總能懂得，和種者鬥

爭要比和後者鬥爭容易得多。』

近代社會主義所期望的革命，簡而言之，其目的就在達到無產階級對資產階級的勝利，經過一切階級區分底消滅以建立新社會。這裏面不但要有一個進行這一運動的無產階級，而且還要有一個資產階級，在資產階級手裏，社會生產力已經發展到能使階級區分最終消滅的程度。在野蠻人與半野蠻人中間，通常也沒有階級區分，每個民族都經歷過這種狀況。重新建立這種狀況我們是不能這樣幹的，因爲隨着社會生產力底發展，從這種狀況中就必然出現了階級區分。只有在社會生產力達到一定的甚至對於我們現代情況也還是一個很高的發展水平的時候，生產才能提到這種高度，使階級區分底廢除能夠成爲眞正的進步而且能夠持久，同時不致在社會的生產方式中引起一種停頓或甚至退步來。然而生產力是在資產階級手裏才達到了這樣的發展水平。因此，從這一方面說來，資產階級如像無產階級本身一樣，是社會主義革命底一個同樣必要的前提。那末，有一個人說在一個國度裏易於進行這種革命，因爲這個國度裏雖無有無產階級，但也沒有資產階級，這只是證明了，他還需要學一學社會主義底ABC。

俄國工人——如託卡秋夫先生自己所說的，這些工人是『農村工人，因此不是無產者，而是私有者』——是較爲容易些，因爲他們不需要和資本底力量，而『只需要和政治的力量做鬥爭』，和俄羅斯的國家做鬥爭，而且這個國家『只有從遠處顯現爲一種力量……它在人民底經濟生活裏沒有根基；

它自身不代表任何階層底利益……在你們那邊（指西歐——譯者），國家不是表面的力量，它以兩條腿支持在資本之上；它本身（！）就是某種經濟利益底化身……在我們這兒，這些情形恰好相反——我們底社會形態都要感謝國家，所謂懸在空中的國家，才有它的存，這個國家和現存的社會秩序沒有共同處，它底根基是在過去，而不是在現在』。

我們不必逗遛在這些紊亂的想像上：好像是經濟利益需要它們自己所創造的國家，以便保持一個化身，或者是停留在這種大胆的武斷上：認爲俄國社會形態（農民底公社財產制可是也屬在內），要感謝國家才有它們底存在，或者是停留在這些矛盾上吧：說這個國家和現存的社會秩序，（現存社會秩序是這個國家自身的產物啊）無有共同處。最好，我們還是先看一看這個『懸在空中的國家』，這個不代表任何階層利益的國家吧。

在歐俄農民佔有一萬萬五百萬俄畝土地，貴族（這兒我用此作爲大地主的簡稱）佔有一萬萬俄畝土地，其中大約有一半屬於一萬五千個貴族，依此，他們每人平均佔有三萬三千俄畝。農民底土地只比貴族的土地稍微大一點。由此看來，貴族對於俄羅斯國家的存在竟沒有半點興趣，而這個國家却保障他們佔有半個國度。再者，農民從他們所有之半，每年繳納一萬九千五百萬盧布的地稅，貴族却只繳納一——千三百萬！並且，貴族底土地，平均都比農民底土地肥沃一倍，因爲在贖買封建徭役的調解當中，國家從農民手中不但拿去了最多的，而且拿去了最好的土地送給貴族；並且農民

爲了這最壞的土地，還要付給貴族最好土地底價格※。然而，俄國貴族對於俄羅斯國家底存在竟沒有興趣！

農民——從大多數來看——在贖買以後，陷入一種極端悲慘、完全不能忍受的境遇中了。不僅僅是人們從他們身中拿去了他們底土地之最大的和最好的部分，使農民土地在帝國底一切肥沃地區裏——以俄國的耕作狀況來說——都太小了，不夠他們在那塊土地上生活了。不僅僅是他們爲了這塊土地算了一筆過大的價格，這筆錢由國家先替他們墊付，現在他們必須給國家以重利，並逐漸償還。不僅僅是土地稅底全部負担幾乎完全壓在他們身上，而貴族就幾乎完全不納稅——所以僅僅土地稅已經吞食了農民土地全部的地租價值，而農民所必須繳納的一切其他費用（關於這些費用，我們立刻便要談到），便是相當於他們勞動工資的收入中直接扣除的一部分。不僅這樣。不，在土地稅、國家墊款底利息和還本以外，自從新施行的地方行政以來，還加上了省稅與縣稅。這種『改良』之最主要的結果便是給農民加上了新的租稅負担。國家保持着它的收入之全部，而把支出底大部分轉嫁於省和縣，於是省縣便規定出新稅，並且，在俄國照例是上等階層幾乎完全不納稅，而農民則幾乎繳納全部。

這樣一種環境像是給高利貸者造成的，俄國人在對於下等經營，對於利用適當，生意機會以及對於和這些事分不開

※　在『人民國家』上，恩格斯底原文中這兒還有一句：『只有在波蘭是例外，那兒的政府想破壞和它敵對的貴族而爭取農民。

的欺詐行爲上所特有的幾乎無可比擬的天才上——彼得第一曾經說過，一個俄國人可以抵得過三個猶太人——是處處都少不了高利貸者的。當納稅的期限要到來時，高利貸者，富農——往往是本地區底一個富裕的農民——就來了，拿出他底現錢來。農民無論如何是要用這個錢的，他們沒有怨言地接受高利貸者底條件。這樣，農民便更深地陷入困境中，他們就需要更多的現錢，到收穫的時節，糧食商人來了，錢底需要迫得農民只得賣出他和他的家庭爲糊口所必需的一部分糧食。糧食商人散佈出謬誤的壓低價格的謠言來，給以很低的價錢，甚至往往付給以一部分價格奇昂的貨品，因爲在俄國物品償付制度也是非常發達的。一如所看到的，俄國大量的糧食出口是完全直接建築在農民大衆底飢餓上面。——另一種剝削農民的方法是這樣的：一個投機家從政府那裏長年地租賃官地，只要它不施肥料還能得到很好的收穫的時候，他就自己耕種；後來他就把它分成許多小塊，把這些已經榨吸盡了的土地以很高的租價分租給鄰近靠着自己的一塊份地不能生活的農民。正像上述英格蘭的物品償付制度，這兒我們又有了愛爾蘭式的中間人。總而言之，沒有任何一個國度像俄國這樣，還在資產階級社會之最原始的簡略狀態時，資本主義的寄生制度竟有這樣發達，以致整個國度，整個人民羣衆全被它底網羅所包括與交織了。這個國家底法律和法庭都正保護他們的暴虐的厚利的實際，一切這些農民榨取者對於俄國底存在竟無有興趣嗎？

聖彼得堡、莫斯科、奧德沙的大資產階級，他們近十年

來特別是由於鐵路之發展非常迅速發展起來，而在近來冒險年頭裏滑稽地『一起破產』了；糧食、大麻、亞麻和脂肪類底出口商，它們的全部生活都建築在農民底窮困上面；以及俄國的全部大工業，只有國家允諾給他們的保護關稅才保障了它們的存在；難道人民中一切這些顯著的而又迅速生長的分子對於俄羅斯國家底存在沒有興趣嗎？更不必說那無數的官吏羣，他們氾濫於全俄國，並且偸竊全國而在這兒造成了一個眞正的階層。如果現在託卡秋夫先生向我們保證說，俄羅斯的國家『在人民經濟生活中沒有根基，它本身不是任何階層利益底化身』它是『懸在空中的』，那末在我們看來，懸在空中的好像不是俄羅斯的國家，而是託卡秋夫先生。

農奴解放以來，俄國農民底狀況已經是一種不能忍耐和不能持久的，現由於這個原因，革命在俄國已經在迫近了，這是很顯然的。問題只是，這次革命底結局將是怎樣的？託卡秋夫先生說，它將是一個社會的革命。這純粹是一句同語之反復。每一個眞正的革命都是社會的革命，它把新的階級抬上了統治地位，允許這個階級按照自己底圖樣改變社會。但是，他底意思是說，這次革命將是一個社會主義的革命，這次革命將要把西歐社會主義所努力祈求的社會形態，在我們在西方還未達到這一目的以前就實行到俄國去——而且還是在無產階級和資產階級只是散漫的以及處在低級發展階段中的社會狀態中。這應該是可能的，因爲俄國人據說是社會主義底天生的人民，因爲他們有阿特爾制度和土地公有制。

託卡秋夫先生僅僅附帶提到的阿特爾，我們在這兒也要

講一講，因爲，從赫爾森底時代起，就在一些俄國人中起了神祕的作用。阿特爾是一種在俄國很盛行的組合，它是自由組合中最簡單的形式，像在遊獵民族中有狩獵的形式一樣。本字和字義都不是斯拉夫的，而是韃靼的起源。這二者一方面在季爾基森，亞庫特等等民族中，另一方面在拉盆薩莫耶頓和其他芬蘭民族中，都可以找到※所以阿特爾最初發展於北部和東部，卽在和芬蘭人與韃靼人接觸的地方，而不發展於西南部。冷酷的氣候使得各種的工業活動成爲必要，這樣，城市發展底以及資本底貧乏就儘可能地由組合的那種形式所補充了。——阿特爾之最顯著的特徵之一，在組合成員對抗第三者時彼此間聯帶一致的責任性，本來是建築在血族關係之上的，如古代日耳曼人中的『合法資產』（gewere）血族復仇等等。——此外，阿特爾這個名詞在俄國不但用於每種合夥的行動上，並且用在每種合夥的機構上。在工人阿特爾裏面，總是選出一個頭目來，（卽所謂最長者），他執行會計，記帳員以及一切必要的職務，並且領取一筆專門的薪俸。這種阿特爾在下列情形中實行：

一，在暫時的企業中，企業完成後，隨卽解散；

二，在同一職業底成員中，例如挑夫等；

三，在原有工業的、長期的企業中。

阿特爾是經過一次由全體組合成員署名的契約而建立

※　關於阿爾特等等，參看（『關於俄國阿爾特材料的研究』、聖彼得堡一八七三年出版）——恩格斯原註

的，如果這時這些成員不能湊足必要的資本，這是常常發生的事，例如在乳酪業中和在捕魚業中（漁網、漁船等等的資本）於是這個阿特爾便落在高利貸者底手中，它以很高的利息墊出不敷之款，從這時起他便可以吞沒最大部分的勞動收獲品。可是，剝削得更無恥的却是又一種阿特爾，它當作整個的僱傭勞動人員僱傭給一個企業家。他們自己監督他們的產業活動，這樣，便節省了資本家的管理費。後者（卽指資本家——譯者）賃給成員們小屋作住所，並且給他們墊出生活資料，而這裏面又發展了那萬惡的物品償付制。在阿爾象介斯克省的伐木業和松油製造業中間，在西伯利亞的許多職業中間等等都是如此。（參看弗雷洛夫斯基著：俄國工人階級狀況一書，聖彼得堡，一八六九年出版）。像這些情形，阿特爾底作用可以說，只是爲了大大便利資本家對於僱傭勞動者的剝削。但是另一方面，也有一種阿特爾，它們自己僱傭工人，而這些被僱傭的工人却正是這組合底成員。

這樣看來，阿特爾是一種自然生長的，因而還是一種很不發達的協同組合，這樣它絕不是專門俄羅斯的或專門斯拉夫的組合。這種組合，只要有需要存在時，什麽地方都形成了的。例如，瑞士的乳酪業，英國的捕魚業，這些組合都是種種不同的。在四十年代建造了那麽許多德國鐵路的席勒西亞底修路工人（是德國人，而非波蘭人），也完全是組織在阿特爾裏面的。在俄國這種形式底優勢固然證明了、俄羅斯人民中存在着強大的聯合動力，但是這還遠不能證明，他們用這種動力的幫助可以從阿特爾立刻跳到社會主義的社會秩

序中去的能力。要想這樣，首先需要這種阿特爾本身先成爲能夠發展的，去掉它底那種自然生長的形態，如我們所看到的，那種自然生長的形態對工人是比對資本服務較少的，並且至少必須把自己提高到西歐協同組合底立場。然而，假使我們相信託卡秋夫先生一下（根據上面所說的，這當然是非常冒險的），那末，情形還決非如此。相反地，他用一種以他對於他的立場極端特殊的傲慢態度向我們說：

『關於那些按照德國（！）模型不久以前搬運到俄國來的協同組合和信用組合，是被我們工人底多數以完全漠然的態度來對待的，並且幾乎到處是失敗的。』

近代的協同組合至少證明了，它能按自己的打算有利地推行大工業（例如，蘭卡夏的紡織業）。阿特爾不但至今還沒有能力，並且，如果它不繼續發展的話，它在大工業的場合下甚至會必然沒落的。

俄國農民公社財產是一八四五年被普魯士政府顧問哈克斯陶森發現了，當作一些完全奇怪的東西向全世界喧揚起來，雖然哈克斯陶森在他自己的故鄉威斯伐倫也還能夠充分找到這種公社財產底殘餘，而他們政府官吏的地位是有責任應該仔細地認識它們的。從哈克斯陶森那兒，赫爾森（Herzen）——他自己是一個俄國地主學到了，他的農民是共同佔有土地的，他抓住這個場合，把俄國農民描寫作社會主義之眞正的負担者，天生的共產主義者，和那些衰老的、腐朽的、先要人工地辛苦追求社會主義的西歐工人相反。這種認識從赫爾森傳給了巴枯寧，又從巴枯寧傳給了託卡秋夫先

生，讓我們聽他說吧：

『我們的人民……在他的大多數中……是被公社財產底原則所貫串着，他們是，如果允許這樣措詞的話，本能的、傳統的共產主義者。集體財產底觀念和俄國人民底整個的世界觀（俄國農民底世界究竟達到怎樣程度，我們立刻可以看到）是這樣深刻地聯結在一起，現在政府開始感覺到，這種概念以一種『有秩序的』社會底原則是不能達到的，於是想以這種原則底名義，把私人財產底概念深印入國民意識和國民生活中去，它只能藉刺刀和皮鞭之助做到這一點。由此看來，很明顯的，俄國人民，不管他們的愚昧無知，要比西歐人民，雖他們是受過教育的，更接近於社會主義。』

實際上土地底公社財產制是一種制度，這從印度到愛爾蘭的一切印度日耳曼民族之低級發展階段裏以及在印度人影響下發展的馬來人當中，例如在爪哇，都能找到。還遠在一六〇八年，在新征服的愛爾蘭北部，那地方合法成立的土地公有制，就被英國人當做藉口，聲明那些土地沒有主人，而沒收這種無主的土地作爲皇家所有。在印度，直到今天還存在着公有財產底許多形式。在德國從前是普遍的；現在有些地方還存留的公社土地就是當年的遺跡，特別是在深山內常常還有公社土地明顯的痕跡，公社土地底暫時的分配等等。關於古代德意志有財產公有制之更明確的證明與詳情，可以在毛瑞爾（Maurer）底各種著作中讀到，那是在這一方面典型的作品。在西歐，包括波蘭和小俄羅斯在內，這種財產公有制在社會發展底一定階段上，成爲農業生產底一種桎梏，

一種阻礙，而漸漸被消滅了。在大俄羅斯（即是說在俄國本部），相反地，它到今天還依然保存着，這首先得出了證明，這裏農業生產和與它相適合的農業社會狀況還是處在很不發達的階段上，事實上也是如此。俄國底農民只在自己的公社裏生活着與活動着；其餘的整個世界只有當和他底這個公社接觸的時候，對於他才是存在的。這種情況甚至是這樣的，在俄文裏米爾（Mir）這個字一方面是『世界』的意思，而另一方面又解釋作『農民公社』。全世界（Wes Mir）對於農民的就是公社社員底集會。因此，如果託卡秋夫先生說到俄國農民底『世界觀』，那末，他是顯然把俄文底米爾一字譯錯了。各個公社彼此間這種完全的隔絕，（這種隔絕在全國內是同一的，恰恰是創立了公共利益底反面，是對於東方專制政體底自然基礎，從印度到俄國，這種佔優勢的社會形態經常地產生了它，經常地在它裏面得到了補充。不僅一般地俄羅斯國家甚至它底特殊形式——沙皇專制政體不是懸在空中的，而是俄國社會狀況之必要的和邏輯的產物，根據託卡秋夫先生底意見，這種特殊形式是與社會狀況『沒有半點共同處』的！俄國之向着資產階級方面的繼續發展在這兒也漸漸地消滅了這種公社財產，而不需要俄國政府用『刺刀和皮鞭』。這特別是因爲俄國底公社土地不是由農民共同耕種而再來分配生產品的，如像印度底一些地方還是這種情形一樣；相反地，土地不時地分配給各個家長，每人耕種他自己的一份地。因此公社社員中間財富上很大的差別是可能的，而在事實上這種差別是存在的。差不多在他們當中，處處都

有幾個富裕的農民——有時是百萬富豪——他們作爲高利貸者，吸取農民大衆底膏血。這誰也不如託卡秋夫先生知道得更清楚了。當着他欺騙德國工人說，只有用刺刀和皮鞭，才能驅除俄國農民——這些本能的、傳統的共產主義者——底『集體財產的觀念』的時候，在他的俄文小册子第十五頁上，他却說：『在農民當中，從農民的與貴族的土地底購買者與租佃者中生長出一種高利貸者階級（富農）——一種農民貴族。』這正是我們上面敍述過的，同類的吸血鬼。

給公社財產制度以最嚴重打擊的，仍然是農奴底解放。貴族們分去了土地之最大的和最好的部分，給農民剩下的剛剛只夠糊口或常常是不夠糊口。同時，森林分給貴族了，以前農民可以在那兒自由採取作燃料用，作工具用和建築用的木材，現在他必須用錢購買了。這樣，農民現在只有他底房屋和一塊光地，沒有耕作的工具，並且平均沒有使他和他的家庭從這一收穫期維持到下一收穫期的足夠的土地。在這種情形之下，在租稅和高利貸底壓迫之下，土地底公社財產制已不是什麼恩惠，而成了一種桎梏。農民時常從公社中逃跑，他們攜帶着或不帶着家屬，拋棄了他們的土地而去以流浪的工人謀生※。

我們看到公社財產制在俄國早已渡過了它的繁榮時代，從各方面看來是已走向它的解體了。然而也不否認地存在着一種可能性，它過渡到更高的社會形態如果在各狀況成熟之前這種社會形態還能保持着，如果它能表現出在這一方式內有發展的能力，卽是說農民今後不再個別地、而是集體地耕

作土地※※；俄國農民無需經過資產階級的小財產制的中間階段，而過渡到這種更高的形態。然而這只有這樣才會實現，即是假如在西歐還在公社財產制全部解體以前以勝利地完成了無產階級革命，而提供俄國農民爲這一過渡所必需的前提條件，特別是也提供在他們整個土地制度中實行必要聯繫之改革所必需的物質前提。因此，如果託卡秋夫先生說，俄國農民雖然是『有產者』，却比西歐無財產的工人『更接近社會主義』，那末這些話只是純粹的吹牛。完全相反。如果有什麼東西還能挽救俄國的公社財產制，給它一個機會轉變成爲新的眞正能夠生活的形態，那末這便是西歐的無產階級革命。

託卡秋夫先生把作政治革命如像作經濟革命那麼容易。他說：俄國人民對奴隸制度『不斷的抗議』用『宗教派別底形態……抗稅……強盜團（德國社會黨之父是剝皮者，德國工人將會祝賀了）……放火……暴動……所以俄國人民可以

※　關於農民狀況，參看『政府農業生產委員會底正式報告』（一八七三），此外參看斯卡爾丁著：『在遼遠的邊疆與首都』，彼得堡一八七〇年出版；後一著作是自由的保守主義者所著。

——恩格斯原註

※※　在波蘭，尤其是在格婁德諾省，貴族經過一八六三年的暴動，已大部崩潰了，農民現在經常購買與租賃貴族底土地，他們整块地做爲集體產業來耕種。而這些農民幾百年來就沒有過公社財產，他們不是大俄羅斯人，而是波蘭人，立陶宛人與白俄羅斯人。

——恩格斯原註

稱為本能的革命者』。因此，託卡秋夫先生便相信：『只是需要在許多地方同時喚醒那種在我們人民胸中沸騰着積累着的憤激與不滿情感。』於是『革命力量底團結便可以自動地形成，鬥爭……便會以有利於人民底事業來終結。實際的必要，自我保存底本能便會在抗爭的公社之下完全自動地達到一種堅固的、不能分裂的聯合』。

再不能想像一個比這樣更容易更洽意的革命了。只要同時在三四處地方發動，於是，『本能的革命者』，『實際的必要』，『自我保存底本能』，便都『自動地』幹起來。為什麼在這樣兒戲般的容易之下，革命還沒有老早成功，人民得到了解放，把俄國變成了一個社會主義的模範地，這簡直是無從了解的。

事實上完全是另外一樣。俄國人民，這些本能的革命者，固然有過無數次反對貴族反對個別官吏的個別的農民暴動，但是從來沒有反對過沙皇，除非是一個假的沙皇自以為首而宣佈登基的。卡捷琳娜二世時代，末一次的大規模的農民暴動之所以成為可能，是因為蒲加秋夫詐稱為女皇底丈夫彼得第三，據說他並未被他底妻子謀殺，而是被廢去皇位幽禁起來，現在他逃了出來。恰恰相反，沙皇就是俄國農民底人間的上帝：上帝高，沙皇遠，這是他們的苦難的呼聲。但是，特別是自從農奴解放以來，農民大衆已經陷入這樣一種境遇、迫得他們漸漸反對政府和沙皇，這是毫無疑的；可是，關於『本能的革命者』的神話，讓託卡秋夫先生搬到別的地方去吧。

那末，即使俄國底農民大衆是這樣本能的革命的，即使我們假定，人們可以像定做一塊描花的紙片或是一把茶壺一樣地定做革命——就是這樣，我還要問：一個十二歲以上的人是不是可以在上面所述的這樣絕頂幼稚的方式內來想像革命底過程呢？並且，再想一想，這些東西還都是在第一次按照巴枯寧底模型所製做的革命——一八七三年在西班牙——顯然地失敗了以後寫出來的！在那兒也是在好些地方同時幹起來的。在那兒也估計到，實際的必要，自我保存底本能，將會自動地在各個抗爭的公社間造成堅固的不可分裂的聯繫的。可是怎樣呢？每個公社，每個城市只是自己保衛自己，根本談不到互相援助，而巴未亞（Pavia）只用了三千個人，在十四天內就一個一個地把所有的城擊破了，於是就終結了整個的無政府主義的美觀。（參看拙著巴枯寧主義者在工作中，那書裏面有詳細的敍述）

無疑地俄國處在革命底前夜。財政已經混亂到了極點，捐稅底加重已經失去了效用，舊公債底利息要用新公債來償付了，而每次的新公債都遇到更大的困難；只能在建造鐵路的藉口下弄錢了。行政機構已經徹頭徹尾地腐敗了，官吏們不是靠薪俸，而是更系統地靠偷竊、賄賂與敲詐來生活了。全部農業生產——這是對於俄國最主要的——由於一八六一年的農奴解放，完全弄得混亂了：大規模的土地佔有沒有足夠的勞動力，農民們沒有足夠的土地，他們被捐稅壓死了，被高利貸者吮吸乾了；農業收穫一年比一年地減少。這一切都很吃力地，很勉強地，由東方專制制度結合在一起；這種

專橫是我們在西方簡直想像不到的；這種專制制度不但和進步的各階級底見解，尤其是和迅速生長的大都市資產階級底見解，一天比一天更走向顯然的矛盾；而且它的現在的負担者自己已經迷誤了，它今天向自由主義做了某些讓步，而明天又把這些讓步恐懼地收回了，這樣就更加失去了自己的一切信用。同時，人民中那些集中在首都的進步的階層中有了一種增進的認識：『這種情况是不會持久的，革命已經就在眼前了』，同時他們有着一種可以在一種安靜的、立憲的牀舖上領導革命的幻想。在這兒，革命底一切條件結合在一起了；這次革命由首都底上層階級，甚至或者由政府自己來開始，由農民很快地超過第一個憲法的階段繼續向前推進；這種革命對於整個歐洲有着最高的重要性，因爲它將把全歐洲反動勢力之最後的、至今尙未被觸動的預備軍一下子打得粉碎。這次革命是一定要到來的。只有兩種事件可以使它延緩下去：一種是僥倖戰勝土耳其或奧地利，但是這需要有錢和有可靠的同盟；或者是——過早的暴動嘗試把有產階級又趕到政府底懷抱中去。